Manuela Schmidt

Verwaltungsrecht AT 1
- Verwaltungsverfahrensrecht -

15. Auflage 2025

ISBN 978-3-86724-072-7

15. Auflage 2025

© 2025 niederle media

Bezug möglich direkt vom Hersteller
Verlag niederle media
Inhaber: Jan Niederle
Siemensstraße 37
48341 Altenberge
Deutschland
E-Mail: info@niederle-media.de
www.niederle-media.de

▶ Inhalt

▶ Verwaltungsrecht AT 1

▶ Lektion 1: Der Verwaltungsakt, § 35 VwVfG   7

A. Behörde   7
B. Hoheitliche Maßnahme   8
C. Auf dem Gebiet des öffentlichen Rechts   8
   I. Interessentheorie   9
   II. Subordinationstheorie   9
   III. Modifizierte Subjektstheorie   10
D. Regelung   11
   I. Realakte   11
   II. Wiederholende Verfügungen   13
E. Einzelfall   14
   I. Bedeutung des Merkmals „Einzelfall"   14
     1. Abgrenzung nach der Form   15
     2. Abgrenzung nach dem Inhalt   15
   II. Die einzelnen Varianten   16
     1. Normalfall: konkret-individuelle Regelung   16
     2. Abstrakt-individuelle Regelung   17
     3. Allgemeinverfügung   17
       a) Arten der Allgemeinverfügung   17
       b) Verfahrensrechtliche Besonderheiten der Allgemeinverfügung   20
F. Unmittelbare Außenwirkung   20
   I. Sonderstatusverhältnisse   21
     1. Beamte   21
     2. Schüler und Studenten   24
     3. Soldaten und Strafgefangene   25
   II. Mehrstufiger VA   25
   III. Maßnahmen gegenüber anderen Verwaltungsträgern   26

▶ Lektion 2: Die Rechtmäßigkeit des Verwaltungsakts   28

A. Einschlägige Ermächtigungsgrundlage   28
   I. Notwendigkeit einer Ermächtigungsgrundlage   28
     1. Ermächtigungsgrundlage auch für die Leistungsverwaltung?   29
     2. Sonderstatusverhältnisse   30
   II. Einzelne Ermächtigungsgrundlagen   31
   III. Vereinbarkeit der Rechtsgrundlage mit höherrangigem Recht   31

B. Die formelle Rechtmäßigkeit des VAs   32
   I. Zuständigkeit   32
   II. Verfahren   33
     1. Ausschluss von Amtsträgern, §§ 20, 21 VwVfG   33
     2. Anhörung, § 28 VwVfG   34
   III. Form   35
   IV. Heilung gemäß § 45 VwVfG   36
   V. Folgen von Verfahrens- und Formfehlern, § 46 VwVfG   38
   VI. Umdeutung, § 47 VwVfG   40

C. Die materielle Rechtmäßigkeit des VAs 41
  I. Tatbestandsvoraussetzungen der Ermächtigungsgrundlage 41
    1. Unbestimmte Rechtsbegriffe 42
    2. Beurteilungsspielraum 42
  II. Die Verhältnismäßigkeit 46
    1. Geeignetheit 46
    2. Erforderlichkeit 47
    3. Angemessenheit 47
  III. Ermessen 50
    1. Arten des Ermessens 51
    2. Prozessuale Bedeutung des Ermessens 52
    3. Ermessensfehler 53
    a) Ermessensnichtgebrauch 53
    b) Ermessensfehlgebrauch 54
    c) Ermessensüberschreitung 55
    4. Folge von Ermessensfehlern 55
    5. Ermessensreduzierung auf Null 56
  IV. Das Bestimmtheitsgebot, § 37 VwVfG 58

▶ **Lektion 3: Rücknahme und Widerruf des VAs** 60

  A. Die Aufhebung des VAs 60
  B. Rechtsgrundlagen 61
    I. Spezialgesetzliche Regelungen 61
    II. Die §§ 48, 49 VwVfG 62

  C. Rücknahme und Widerruf, §§ 48 ff. VwVfG 62
    I. Abgrenzung 62
    1. Begünstigende VAe 63
    2. Belastende VAe 63
    3. VAe mit Mischwirkung 63

    II. Gegenstand der Rücknahme und des Widerrufs 65

    III. Rücknahme eines rechtswidrigen VAs, § 48 VwVfG 66
    1. Rücknahme eines belastenden VAs 66
    2. Rücknahme eines begünstigenden VAs 67
    a) § 48 II VwVfG 68
    b) § 48 III VwVfG 75
    3. Rücknahme gemeinschaftswidriger VAe 79
    a) Anwendbarkeit des § 48 VwVfG 79
    b) Verstoß gegen Art. 87, 88 EG 79
    c) Problemfelder 80
    aa) Vertrauensschutz 80
    bb) Die Frist des § 48 IV VwVfG 81
    cc) Ermessen 81

    IV. Widerruf eines rechtmäßigen VAs, § 49 VwVfG 88
    1. Widerruf eines rechtmäßigen, belastenden VAs 88
    2. Widerruf eines rechtmäßigen begünstigenden VAs 90
    3. Erstattung und Verzinsung, § 49 a VwVfG 95
    4. Rücknahme und Widerruf gemäß § 50 VwVfG 95

▶ Vorwort

Dieses Skript ist gedacht als Einführung in die Grundlagen des Allgemeinen Verwaltungsrechts. Nachlesen und nachbereiten kann man hier anhand klausurtypischer Beispiele die Themen, die meist in den Einstiegs-Vorlesungen behandelt werden. Dazu gehören z.b. die Merkmale des VAs gemäß § 35 VwVfG, die Voraussetzungen für die Rechtmäßigkeit eines VAs sowie die Rücknahme und der Widerruf eines VAs gemäß §§ 48 ff. VwVfG.

Der Name **niederle media** steht für Skripten, die zu einem großen Teil von Autoren mit mehrjähriger Lehr-Erfahrung als Hochschullehrer oder AG-Leiter verfasst wurden und die

- klausurrelevante Themen *kompakt* darstellen,

- meist in 1-2 Tagen und demnach *zeitsparend* durchgearbeitet werden können,

- so *verständlich* sind, dass auch Anfänger damit regelmäßig auf Anhieb klarkommen,

- *Fallbeispiele, Übersichten* und *Schemata* enthalten,

- sehr *erschwinglich* sind (ab 7,90 €).

Aufgrund dieser Eigenschaften sind unsere Skripten hervorragend geeignet für den ersten, unkomplizierten Einstieg in die Materie oder für eine schnelle Wiederholung kurz vor der Prüfung. Dafür drücke ich schon jetzt ganz fest die Daumen,

Jan Niederle

▶ Unsere 📖 Skripten 📇 Karteikarten 🎧 Hörbücher

Zivilrecht

- 📖 Standardfälle Zivilrecht f. Anfänger (BGB AT+Kaufrecht)
- 📖 🎧 Standardfälle BGB AT
- 📖 🎧 Standardfälle Schuldrecht
- 📖 🎧 Standardfälle Ges. Schuldverhältn., §§ 677,812,823
- 📖 🎧 Standardfälle Sachenrecht (Mobiliar+Immobiliar)
- 📖 🎧 Standardfälle Familien- und Erbrecht
- 📖 🎧 Basiswissen BGB AT (Frage-Antwort)
- 📖 🎧 Basiswissen Schuldrecht AT (Frage-Antwort)
- 📖 🎧 Basiswissen Schuldrecht BT (Frage-Antwort)
- 📖 🎧 Basiswissen Sachenrecht (Frage-Antwort)
- 🎧 Basiswissen Familienrecht (Frage-Antwort)
- 🎧 Basiswissen Erbrecht (Frage-Antwort)
- 📖 Einführung in das Bürgerliche Recht (für Anfänger)
- 📖 Studienbuch BGB AT
- 📖 Studienbuch Schuldrecht AT
- 📖 Einführung Schuldrecht BT 1 - §§ 437, 536, 634, 670 ff.
- 📖 Einführung Schuldrecht BT 2 - §§ 812, 823, 765 ff.
- 📖 Einführung Sachenrecht 1 – Mobiliarsachenrecht
- 📖 Einführung Sachenrecht 2 – Immobiliarsachenrecht
- 📖 Einführung Familienrecht
- 📖 Einführung Erbrecht
- 📖 🎧 Definitionen für die Zivilrechtsklausur

Strafrecht

- 📖 Standardfälle Band 1: für Anfänger
- 📖 Standardfälle Band 2: für Fortgeschrittene
- 📖 🎧 Standardfälle Strafrecht AT (für Anfänger)
- 📖 🎧 Basiswissen Strafrecht BT 1 (Frage-Antwort)
- 📖 🎧 Basiswissen Strafrecht BT 2 (Frage-Antwort)
- 📖 Einführung Strafrecht AT
- 📖 Einführung Strafrecht BT 1 – Vermögensdelikte
- 📖 Einführung Strafrecht BT 2 – Nichtvermögensdelikte
- 📖 🎧 Definitionen für die Strafrechtsklausur

Öffentliches Recht

- 📖 Standardfälle Staatsrecht 1 – Staatsorganisationsrecht
- 📖 Standardfälle Staatsrecht 2 – Grundrechte
- 📖 🎧 Standardfälle f. Anfänger (StaatsorgaR u. GrundR)
- 📖 Standardfälle Verwaltungsrecht AT
- 📖 Standardfälle Polizei- und Ordnungsrecht
- 📖 Standardfälle Baurecht
- 📖 Standardfälle Europarecht
- 📖 Standardfälle Kommunalrecht
- 📖 🎧 Basiswissen StaatsR 1 – StaatsorgaR (Frage-Antwort)
- 📖 🎧 Basiswissen StaatsR 2 – Grundrechte (Frage-Antwort)
- 📖 Basiswissen Verwaltungsrecht AT (Frage-Antwort)
- 📖 Studienbuch Staatsorganisationsrecht
- 📖 Studienbuch Grundrechte
- 📖 Studienbuch Verwaltungsrecht AT
- 📖 Studienbuch Europarecht
- 🎧 Hörbuch Basiswissen Europarecht
- 📖 Studienbuch Staatshaftungsrecht
- 📖 Verwaltungsrecht AT 1 – VwVfG
- 📖 Verwaltungsrecht AT 2 – VwGO
- 📖 Verwaltungsrecht BT 1 – Polizei und Ordnungsrecht
- 📖 Verwaltungsrecht BT 2 – Baurecht
- 📖 Verwaltungsrecht BT 3 – Umweltrecht
- 📖 🎧 Definitionen Öffentliches Recht

Sozialrecht

- 📖 Einführung Sozialrecht

Nebengebiete

- 📖 Standardfälle ZPO
- 📖 🎧 Standardfälle Handels- & Gesellschaftsrecht
- 📖 🎧 Standardfälle Arbeitsrecht
- 📖 🎧 Basiswissen Handelsrecht (Frage-Antwort)
- 📖 🎧 Basiswissen Gesellschaftsrecht (Frage-Antwort)
- 📖 🎧 Basiswissen StPO (Frage-Antwort)
- 📖 🎧 Basiswissen ZPO (Frage-Antwort)
- 📖 Einführung Handelsrecht
- 📖 Einführung Gesellschaftsrecht
- 📖 Einführung Arbeitsrecht
- 📖 Einführung Kollektives Arbeitsrecht
- 📖 Einführung ZPO I - Erkenntnisverfahren
- 📖 Einführung ZPO II - Zwangsvollstreckung
- 📖 Einführung StPO - Strafprozessordnung
- 📖 Einführung IPR - Internationales Privatrecht
- 📖 Standardfälle IPR - Internationales Privatrecht
- 📖 Einführung Insolvenzrecht
- 📖 Gewerblicher Rechtsschutz & Urheberrecht
- 📖 Einführung Wettbewerbsrecht
- 📖 Einführung Sportrecht

Karteikarten

- 📇 Grundlagen des Zivilrechts
- 📇 BGB Allgemeiner Teil
- 📇 Schuldrecht BT (§§ 433, 535, 631, 812, 823)
- 📇 Schemata Zivilrecht (AT, SchuldR, SachR, FamR)
- 📇 Strafrecht AT
- 📇 Strafrecht BT 1
- 📇 Strafrecht BT 2
- 📇 Streitfragen Strafrecht
- 📇 Staatsorganisationsrecht
- 📇 Grundrechte
- 📇 Verwaltungsrecht AT
- 📇 Schemata Öffentliches Recht

Die wichtigsten Schemata

- 📖 Band 1: Zivilrecht, Strafrecht, Öffentliches Recht
- 📖 Band 2: Arbeitsrecht, Handelsrecht, Gesellschaftsrecht, StPO, ZPO

Ratgeber Jurastudium

- 📖 Ratgeber 500 Spezial-Tipps für Juristen - Wie man geschickt durchs Studium und das Examen kommt

BWL

- 📖 Einführung in die Betriebswirtschaftslehre
- 📖 Organisationsgestaltung & -entwicklung
- 📖 Fallstudien Organisationsgestaltung & -entwicklung
- 📖 Internationales Management
- 📖 Wie gewinnt meine wiss. Abschlussarbeit?
- 📖 Medienwirtschaft für Mediengestalter

Assessorexamen

- 📖 Der Aktenvortrag im Strafrecht
- 📖 Der Aktenvortrag im Zivilrecht
- 📖 Staatsanwalt. Sitzungsdienst & Plädoyer

Irrtümer und Änderungen vorbehalten!

🎧 bedeutet: auch als **Hörbuch** lieferbar!

Bei **niederle-media.de** bestellte Bücher treffen idR *nach 1-2 Werktagen* ein!

Lektion 1: Der Verwaltungsakt, § 35 S. 1 VwVfG

Der Verwaltungsakt (VA) ist die wichtigste Handlungsform der Verwaltung. Nach der Legaldefinition des § 35 S. 1 VwVfG liegt ein VA vor, wenn folgende Merkmale erfüllt sind:

- Maßnahme
- einer Behörde
- auf dem Gebiet des öffentlichen Rechts
- zur Regelung
- eines Einzelfalles
- mit unmittelbarer Außenwirkung.

A. Behörde

Voraussetzung für das Vorliegen eines VAs ist zunächst, dass eine *Behörde* gehandelt hat.

Behörde ist gemäß § 1 IV VwVfG jede Stelle, die Aufgaben der öffentlichen Verwaltung wahrnimmt.

Beispiel 1: Eine Stadt- oder Gemeindeverwaltung sowie das BaföG-Amt nehmen Aufgaben der öffentlichen Verwaltung wahr und sind damit eine Behörde.

Der Behördenbegriff leistet die Abgrenzung zu der Regierungstätigkeit, der Gesetzgebung und der Rechtsprechung. Als Behörde handeln die genannten Staatsgewalten nur dann, wenn ihre Organe *Verwaltungstätigkeiten* ausführen. Dies tut z.B. die Geschäftsstelle eines Gerichtes oder die Hausverwaltung des Bundestages.

Der Behördenbegriff umfasst grundsätzlich nicht das Handeln von *Privatpersonen*. Eine Ausnahme von diesem Grundsatz bilden die sog. *Beliehenen*.

Bei *Beliehenen* handelt es sich um natürliche oder juristische Personen des Privatrechts, die hoheitliche Funktionen im Auftrag des Staates ausüben, zumeist jedoch *im eigenen Namen,* z.b. der *TÜV* bei der KFZ-Zulassungsprüfung nach § 29 StVZO sowie *Bezirksschornsteinfeger* und *Notare.*

B. Hoheitliche Maßnahme

Maßnahme ist jedes zweckgerichtete Verhalten, welches Menschen oder juristischen Personen bzw. deren Untergliederungen zurechenbar ist. Der Begriff der Maßnahme umfasst damit eine Reihe von Verwaltungshandlungen, nämlich Ge- und Verbote, Feststellungen sowie Gewährungen und deren Versagungen.

> **Merksatz:** *Maßnahme* ist jedes Verhalten mit Erklärungsgehalt.

Der VA unterliegt nach § 37 VwVfG keinen Formerfordernissen, d.h. er kann schriftlich oder mündlich oder in jeder anderen Form ergehen, die etwas zum Ausdruck bringen soll.

Beispiel 2: Signal einer Verkehrsampel, computergefertigter Abgabenbescheid.

C. Auf dem Gebiet des öffentlichen Rechts

Die Behörde muss ferner auf dem Gebiet des öffentlichen Rechts gehandelt haben. Damit scheiden privatrechtliche behördliche Handlungen aus.

Beispiel 3: Die Stadtverwaltung schafft sich neue Computer an. Hier handelt die Verwaltung privatrechtlich.

Die Abgrenzung von öffentlichem Recht und Privatrecht richtet sich nach folgenden Theorien:

I. Interessentheorie

Nach der **Interessentheorie** gehören zum öffentlichen Recht diejenigen Rechtsnormen, die überwiegend dem *öffentlichen Interesse* dienen. Demgegenüber sind die dem Privatinteresse dienenden Rechtsnormen dem Privatrecht zuzuordnen. Das Merkmal des *öffentlichen Interesses* ist allerdings sehr unbestimmt, so dass mit Hilfe der Interessentheorie keine genaue Abgrenzung möglich ist.

II. Subordinationstheorie

Nach der **Subordinationstheorie** sind Normen immer dann als öffentlich-rechtlich einzustufen, wenn zwischen den Beteiligten ein *Über- und Unterordnungsverhältnis* besteht. Demgegenüber geht es im Privatrecht um ein *Gleichordnungsverhältnis*.

Beispiel 4: Die Polizei beschlagnahmt den PKW des A. Der A hat sich hier der hoheitlichen Gewalt der Polizei unterzuordnen. Ein Über-/Unterordnungsverhältnis ist gegeben.

Beispiel 5: A kauft den BMW des B. Ob und zu welchem Preis der Wagen verkauft wird, liegt in der Entscheidungsgewalt der gleichberechtigten A und B. Ein Gleichordnungsverhältnis ist gegeben.

Problematisch ist, dass auch im öffentlichen Recht Gleichordnungsverhältnisse existieren. Ein typisches Beispiel hierfür ist der öffentlich-rechtliche Vertrag gemäß §§ 54 ff. VwVfG, bei dem sich zwei Parteien als gleichberechtigte Partner gegenüberstehen.

Beispiel 6: E ist Eigentümer eines 500 qm großen, im Außenbereich befindlichen Waldgrundstücks, das unmittelbar an das Grundstück des F angrenzt. Als F eine Baugenehmigung für die Errichtung eines Fuhrparks erhält, legt E hiergegen Widerspruch ein und klagt schließlich vor dem Verwaltungsgericht. Er sieht den Bestand seines Waldes als gefährdet an. Allerdings ist er bereit, die Klage zurückzunehmen, wenn die zuständige Behörde ihm seinerseits erlaubt, ein zweistöckiges Wohnhaus auf seinem Grundstück zu errichten. Um Rechtsfrieden herzustellen, trifft die Behörde folgende schriftliche Regelung mit E: „Die beklagte Behörde sichert dem E die Errichtung eines zweigeschossigen Wohnhauses zu. E verpflichtet sich, die Klage zurückzunehmen." Handelt es sich bei dieser Regelung um einen VA i. S. d. § 35 S. 1 VwVfG?

Lösung: Hier konnten sowohl E als auch die zuständige Behörde Einfluss auf den Inhalt der Regelung nehmen. Die Behörde hat keine einseitige Regelung getroffen. Vielmehr hat sie sich - *gleichberechtigt* mit E - zu einer Leistung und E sich seinerseits zu einer entsprechenden Gegenleistung verpflichtet. Es liegt keine hoheitliche Maßnahme einer Behörde und damit kein VA, sondern ein öffentlich-rechtlicher Vertrag vor.

Die Subordinationstheorie ermöglicht also nicht immer eine klare Abgrenzung zwischen dem öffentlichen und dem privaten Recht.

III. Modifizierte Subjektstheorie (h.M.)

Nach der herrschenden **modifizierten Subjektstheorie** entspricht das Verwaltungshandeln der Rechtsnatur der zugrunde liegenden Norm.

Merksatz: Eine Rechtsnorm ist dann öffentlich-rechtlicher Natur, wenn der Berechtigte oder Verpflichtete ausschließlich ein Träger öffentlicher Gewalt ist.

Beispiel 7: M wird von der zuständigen Behörde nach § 35 I GewO (Gewerbeuntersagung wegen Unzuverlässigkeit) die Ausübung seines Metzgereibetriebes untersagt, weil er wiederholt verdorbene Fleisch- und Wurstwaren verkauft hat. Hat die Behörde auf dem Gebiet des öffentlichen Rechts gehandelt?

Lösung: Die drei o.g. Abgrenzungstheorien kommen alle zu dem Ergebnis, dass die Behörde auf dem Gebiet des öffentlichen Rechts gehandelt hat:

- Interessentheorie: § 35 GewO dient vorwiegend öffentlichen Interessen (Schutz der Bevölkerung vor Gesundheitsgefahren etc.).

- Subordinationstheorie: zwischen der Behörde und M besteht ein Über- und Unterordnungsverhältnis.

- Modifizierte Subjektstheorie: § 35 GewO berechtigt notwendig einen Träger öffentlicher Gewalt.

Klausurtipp: Wenn der konkrete Fall eindeutig nach öffentlich-rechtlichen Vorschriften zu beurteilen ist (z.B. Gewerbeordnung, Gaststättengesetz, Gemeindeordnung, Baugesetzbuch) reicht - unter Heranziehung einer der Theorien - der Hinweis, dass es sich um eine öffentlich-rechtliche Vorschrift handelt.

Beispiel 8: In *Beispiel 7* könnte man formulieren: *„§ 35 GewO berechtigt auf der einen Seite notwendig einen Träger öffentlicher Gewalt (modifizierte Subjektstheorie), so dass es sich hierbei um eine öffentlich-rechtliche Vorschrift handelt."*

Hinweis: Die Abgrenzung zwischen öffentlichem Recht und Privatrecht spielt auch im Verwaltungsprozessrecht eine Rolle, nämlich bei der Frage, ob der Verwaltungsrechtsweg (§ 40 VwGO) eröffnet ist, vgl. S. 8 ff. des Skripts „Einführung in das Verwaltungsrecht (AT) 2".

D. Regelung

Merksatz: Unter einer Regelung ist eine Anordnung zu verstehen, die auf Herbeiführung einer *Rechtsfolge* gerichtet ist.

I. Realakte

Keine Regelung mit Rechtsfolgencharakter enthalten solche Maßnahmen, die als *schlicht hoheitliches Handeln* zu charakterisieren sind *(sog. Realakte).* Hierunter fallen diejenigen Verwaltungsmaßnahmen, die nicht auf einen Rechtserfolg, sondern auf einen *tatsächlichen Erfolg* gerichtet sind.

Beispiel 9: T ist eine engagierte Tierschützerin. Von der Dachterrasse ihres Grundstücks aus füttert sie regelmäßig Tauben, was dazu führt, dass nach und nach immer mehr Tauben zu ihr kommen. N, dessen Grundstück unmittelbar an jenes der T angrenzt, fühlt sich durch die „Taubenschwemme" erheblich beeinträchtigt, vor allem wegen der bekannten Seuchen, die von Tauben übertragen werden können. N schreibt dies der zuständigen Ordnungsbehörde und erkundigt sich, ob das Verhalten der T rechtens sei. Der zuständige Sachbearbeiter erkundet die Lage vor Ort und

12

notiert seine Beobachtungen. T befürchtet, dass man ihr das Taubenfüttern untersagen wolle und fragt, was denn da vor sich gehe. Der Sachbearbeiter erklärt ihr darauf hin, dass er über den Vorgang eine Akte angelegt habe und einen Aktenvermerk fertige. T sieht sich in ihren Rechten als tierschützende Bürgerin verletzt und legt gegen das Handeln der Behörde Widerspruch ein. Hat dieser Widerspruch Aussicht auf Erfolg?

Lösung: Voraussetzung für den Erfolg des Widerspruchs (§ 68 VwGO) ist, dass es sich bei der von T angegriffenen Maßnahme um einen VA i. S. d. § 35 S.1 VwVfG handelt. Ein Mitarbeiter der Ordnungsbehörde hat eine Akte angelegt. Er hat also für eine Stelle, die Aufgaben der öffentlichen Verwaltung wahrnimmt, mit Erklärungsgehalt gehandelt. Damit liegt eine hoheitliche Maßnahme einer Behörde vor. Der Mitarbeiter hat auf der Grundlage des VwVfG, also auf dem Gebiet des öffentlichen Rechts gehandelt. Fraglich ist aber, ob das Anlegen der Akte als *Regelung* anzusehen, d.h. auf das Setzen einer *Rechtsfolge* gerichtet ist. Das Anlegen der Akte geschieht lediglich zum Zwecke eines organisierten Verwaltungsablaufs innerhalb einer Behörde. Auf das Setzen einer Rechtsfolge ist das bloße Anlegen einer Akte hingegen noch nicht gerichtet. Es handelt sich vielmehr um ein schlicht hoheitliches Handeln der Behörde (Realakt). Ein VA i.S.d. § 35 VwVfG ist damit nicht gegeben. Der Widerspruch der T hat keine Aussicht auf Erfolg.

Beispiel 10: E ist Eigentümer eines Grundstücks, welches unmittelbar an einen öffentlichen Spielplatz angrenzt. Um ausreichende Freizeitmöglichkeiten für Jugendliche in der Stadt zu schaffen, entscheidet die Stadt, einen Teil des Spielplatzes für die Errichtung eines Basketballfeldes zu nutzen. Nach der Inbetriebnahme des Basketballfeldes fliegen regelmäßig Basketbälle in den Garten des E, was zur Beschädigung seiner Blumenbeete führt. E wendet sich mit der dringenden Aufforderung an die Stadt, hiergegen etwas zu unternehmen: Die Stadt solle endlich ein Auffangnetz errichten, welches die Bälle abhält. Stellt das von E begehrte Handeln einen VA dar?

Lösung: Bei der von E begehrten Maßnahme soll eine Behörde handeln. Die Maßnahme soll auf dem Gebiet des öffentlichen Rechts erfolgen. Weiterhin müsste es sich um eine *Regelung* handeln, d.h. die Maßnahme müsste auf das Setzen einer *Rechtsfolge* gerichtet sein. Das Errichten eines Auffangnetzes an sich führt keine Rechtsfolge herbei. Durch das Abhalten der Basketbälle wird vielmehr ein tatsächlicher Erfolg erzielt. Die Maßnahme der Behörde wäre somit als ein schlicht hoheitliches Handeln (= Realakt) zu qualifizieren. Es fehlt also am Regelungsgehalt der Maßnahme, so dass kein VA vorliegt.

Besondere Aufmerksamkeit ist geboten bei solchen behörd-lichen Maßnahmen, die nach ihrem *äußeren Erscheinungs-bild* auf ein *schlicht-hoheitliches Handeln* hinweisen, die aber zugleich eine *konkludente Duldungsanordnung* enthalten. Vor allem bei Maßnahmen der Polizei- oder der Vollstreckungs-behörden ist dies oft der Fall.

Beispiel 11: Bei einer Studentendemonstration kommt es zu erheblichen Ausschreitungen, an denen auch der Student S beteiligt ist. S, der bereit ist, seine Rechte notfalls mittels körperlicher Gewalt durchzusetzen, zieht gegen den einschreitenden Polizisten P ein mitgebrachtes Taschenmesser. P gelingt es, dem S das Taschenmesser aus der Hand zu schlagen und es sicherzustellen. Hiergegen setzt sich S durch heftige Tritte und Schläge zur Wehr, so dass P sich nur noch durch den Einsatz seines Schlagstockes verteidigen kann. Handelt es sich bei den Maßnahmen des P um VAe?

Lösung: Fraglich ist, ob es sich bei der Sicherstellung des Taschen-messers und dem Einsatz des Schlagstockes um Maßnahmen mit *Regel-ungsgehalt* und damit um VAe handelt. Dem äußeren Erscheinungsbild nach sind beide Maßnahmen zunächst darauf ausgerichtet, einen tatsäch-lichen Erfolg herbeizuführen, nämlich den tätlichen Angriff des S zu been-den. Zugleich enthalten beide Maßnahmen aber die konkludente Anord-nung, diese als rechtmäßig zu dulden. So hat die Sicherstellung des Ta-schenmessers gleichzeitig den objektiven Erklärungswert, die Sicher-stellung als rechtmäßig zu dulden. Es handelt sich daher um einen VA. Ebenso enthält der Schlag mit dem Polizeiknüppel als Maßnahme des unmittelbaren Zwanges die konkludente Anordnung, die Zwangsmaßnah-me als rechtmäßig hinzunehmen und ist somit ebenfalls ein VA.

II. Wiederholende Verfügungen

Keinen eigenen Regelungsgehalt haben schließlich *wieder-holende Verfügungen*, nachdem bereits ein unanfechtbar ge-wordener VA in der Sache vorliegt. Das erneute Erlassen eines bereits ergangenen VA ist kein VA.

Beispiel 12: Dem E wird mittels Abrissverfügung aufgegeben, die bau-rechtswidrig auf seinem Grundstück errichtete Garage wieder abzureißen. Nachdem die Verfügung bestandskräftig geworden ist, wendet E sich gegen die Abrissverfügung. Die Behörde reagiert in der Weise, dass sie die ursprüngliche - inzwischen bestandskräftige - Verfügung wiederholt. Han-delt es sich bei dem zweiten Schreiben um einen weiteren VA?

Lösung: In dem zweiten Schreiben wiederholt die Behörde lediglich den ersten VA, so dass dieses Schreiben keinen eigenen Regelungsgehalt hat. Ein weiterer VA liegt daher nicht vor.

Enthält der weitere Bescheid hingegen eine erneute sachliche Begründung, liegt eine Regelung in Form eines sog. *Zweit-bescheides* und damit ein VA vor.

Folgende Anhaltspunkte deuten auf das Vorliegen eines erneuten VAs hin:

* die Beifügung einer Rechtsbehelfsbelehrung
* die Berufung auf andere bzw. ergänzende Rechtsgrundlagen und/ oder eine geänderte Rechtsprechung
* die Berücksichtigung neuer Tatsachen.

E. Einzelfall

Weitere Voraussetzung für das Vorliegen eines VAs ist, dass die Regelung einen *Einzelfall* betrifft.

I. Bedeutung des Merkmals „Einzelfall"

Das Merkmal des *Einzelfalls* dient der Abgrenzung von der Rechtsnorm (= Parlamentsgesetz, Rechtsverordnung oder Satzung):

* Ein VA setzt stets eine *individuelle Regelung* voraus. *Individuell* bedeutet: der Adressatenkreis ist im Zeitpunkt des Erlasses des VAs bestimmt oder bestimmbar.
* Wird hingegen ein *abstrakter Sachverhalt* für einen *generellen* Personenkreis *geregelt*, so handelt es sich um eine Rechtsnorm.

Beispiel 13: In *Beispiel 12* richtete sich die Abrissverfügung ausschließlich an den E und betraf damit einen *individuellen* Adressaten. Die Regelung eines Einzelfalls ist also gegeben. Hingegen betreffen die Vorschriften der Landes-Bauordnung, z.B. bzgl. Abstandsflächen etc. einen *abstrakten* Sachverhalt und betreffen nicht nur den E, sondern *generell* alle Personen.

VA	Rechtsnorm
• Individuelle Regelung eines Einzelfalles	• Abstrakt-genere-elle Regelung

Die Abgrenzung zwischen der (konkreten) Einzelfallregelung und der (abstrakten) Rechtsnorm kann nach der *Form* oder nach dem *Inhalt* erfolgen.

1. Abgrenzung nach der Form

Bezeichnungen als „Bescheid", „Verfügung" oder das Beifügen einer Rechtsbehelfsbelehrung deuten auf eine *Einzelfallregelung* hin. Hingegen sprechen die Bezeichnungen als „Gesetz", „Rechtsverordnung" oder „Satzung" sowie die Bekanntgabe durch Verkündung im Gesetz- oder Verordnungsblatt für eine Rechtsnorm.

2. Abgrenzung nach dem Inhalt

Lässt sich die Regelung ihrer Form nach nicht eindeutig zuordnen, ist sie in einem zweiten Schritt in materieller Hinsicht, d.h. ihrem Inhalt nach, zu untersuchen

a) nach dem geregelten Fall:

> **aa)** konkreter Fall: nur ein einzelner Fall wird geregelt
> **bb)** abstrakter Fall: eine unbestimmte Vielzahl von Fällen wird geregelt.

b) nach dem Adressatenkreis:

> **aa)** individueller Adressatenkreis: die Regelung richtet sich an ganz bestimmte Personen, deren Anzahl feststeht.
> **bb)** genereller Adressatenkreis: die Regelung richtet sich an viele Personen, deren Anzahl unbestimmt und unbestimmbar ist.

Sachverhalt / Personenkreis	konkret	abstrakt
individuell	VA	VA
generell	Allgemeinverfügung § 35 S. 2 VwVfG	Rechtsnorm

II. Die einzelnen Varianten

1. Normalfall eines VA: Konkret-individuelle Regelung

Unproblematisch ist der Fall einer *konkret-individuellen Regelung:* Es handelt sich hierbei um die klassische Einzelfallregelung, d.h. eine Regelung betrifft einen bestimmten Sachverhalt (= konkret) und eine bestimmte Person (= individuell).

Beispiel 14: Einberufung zum Dienst bei der Bundeswehr; Erlaubnis zum Betreiben einer Gaststätte; Abrissverfügung für ein baurechtswidrig errichtetes Haus.

Individuell ist eine Regelung auch dann noch, wenn sie sich nicht an eine bestimmte Person richtet, der betroffene Personenkreis aber zumindest *bestimmbar* ist.

Beispiel 15: Nach einem Verkehrsunfall beobachten mehrere schaulustige Personen die Unfallstelle und verhindern hierdurch die reibungslose Anfahrt der Rettungsfahrzeuge. Die Polizei fordert die Schaulustigen auf, die Unfallstelle umgehend zu verlassen. Handelt es sich bei der Aufforderung um einen VA?

Lösung: Fraglich ist, ob es sich bei der Aufforderung um eine Einzelfallregelung handelt. Betroffen ist nur ein einziger Sachverhalt. Ort, Zeit und die am Unfallort anwesenden Personen sind derart bestimmt, dass dieser Fall sich in vorliegender Konstellation nur ein einziges Mal ereignen konnte. Die Aufforderung der Polizei stellt somit eine *konkrete Regelung* dar. Zwar ist die Aufforderung, den Unfallort unmittelbar zu verlassen, nicht an eine einzelne Person gerichtet, doch betrifft sie eine bestimmte, zahlenmäßig feststehende Personenzahl und ist damit *individuell*. Insgesamt liegt eine konkret-individuelle Regelung und damit ein VA vor.

2. Abstrakt-individuelle Regelung

Im Gegensatz zur konkret-individuellen, betrifft die *abstrakt-individuelle Regelung* zwar nur einen bestimmten Adressaten, ist aber im Zeitpunkt des Erlasses für eine unvorhersehbare Anzahl von Fällen gedacht. Die abstrakt-individuelle Regelung ist damit als VA zu qualifizieren.

Beispiel 16: Dem Kühlturmbetreiber K wird aufgegeben, jedes Mal, wenn die Nebelschwaden seines Kühlturmes zu Glatteis zu führen drohen, die umliegenden Straßen zu streuen. Liegt eine Einzelfallregelung und damit ein VA vor?

Lösung: Die Anordnung ist *individuell*, da sie sich nur an einen einzigen Adressaten (K) richtet. Weil die Anordnung eine unbestimmte Vielzahl von Fällen betrifft, ist sie *abstrakt*. Es liegt damit ein VA vor, vgl. (OVG Münster, E 16, 289-Kühlturm-Entscheidung).

3. Allgemeinverfügung, § 35 S. 2 VwVfG

Inhalt eines VAs kann auch eine *konkret-generelle* Regelung sein. Eine konkret-generelle Regelung liegt dann vor, wenn ein einzelner Fall bzw. Sachverhalt geregelt wird, der *Adressatenkreis* aber *unbestimmt* ist. VAe mit konkret-generellen Regelungen (vgl. § 35 S. 2 VwVfG) heißen *Allgemeinverfügung*. Während die Rechtsnorm eine *abstrakt-generelle* Regelung trifft, wird bei der Allgemeinverfügung ein konkreter Einzelfall mit Rechtsfolgen für eine Vielzahl von Personen geregelt.

a) Arten der Allgemeinverfügung

§ 35 S. 2 VwVfG unterscheidet drei Fälle, unter welche in der Klausur - nach Überprüfung der übrigen Merkmale des § 35 S. 1 VwVfG - unter Nennung der einschlägigen Alternative des § 35 S. 2 VwVfG zu subsumieren ist:

- die personenbezogene Allgemeinverfügung (§ 35 S. 2, 1. Alt VwVfG),
- die sachbezogene (dingliche) Allgemeinverfügung (§ 35 S. 2, 2. Alt. VwVfG) und die
- die benutzungsregelnde Allgemeinverfügung (§ 35 S. 2, 3. Alt. VwVfG).

aa) Die personenbezogene Allgemeinverfügung, § 35 S. 2, 1. Alt. VwVfG

Beispiel 17: In mehreren Landkreisen von Baden-Württemberg kommt es zu zahlreichen Typhuserkrankungen, die auf den Verzehr von Endiviensalat zurückgeführt werden. Das Innenministerium des Landes erlässt daraufhin mit sofortiger Wirkung ein Verkaufsverbot für den Verkauf von Endiviensalat in allen von Typhus betroffenen Landkreisen. Handelt es sich bei dem Verbot um einen VA oder eine Rechtsnorm?

Lösung: Das Verkaufsverbot bezieht sich auf die eingetretene Seuche, nicht hingegen auf möglicherweise zukünftig eintretende Seuchenfälle. Es handelt sich somit um eine konkrete Regelung. Der von dem Verkaufsverbot betroffene Personenkreis ist zwar nicht bestimmt, lässt sich aber bestimmen. Erfasst werden alle Personen in den festgelegten Landkreisen, die Endiviensalat verkaufen.
Dass der Adressatenkreis im Wesentlichen *bestimmbar* ist, reicht nach der h. M. aus. Vom Adressatenkreis her handelt es sich daher um eine *generelle* Regelung. Das Verkaufsverbot ist eine Allgemeinverfügung i. S. d. § 35 S. 2, 1. Alt VwVfG und damit ein VA, vgl. BVerwGE 12,87 – Endiviensalat-Fall.

bb) Die sachbezogene Allgemeinverfügung, § 35 S. 2, 2. Alt. VwVfG

Beispiel 18: In der Gemeinde G wurde eine neue Durchfahrtsstraße gebaut, die von der zuständigen Straßenverkehrsbehörde für den öffentlichen Verkehr gewidmet wird. Handelt es sich bei der Widmung der Straße um einen VA?

Lösung: Fraglich ist, ob die Widmung der Straße eine *Einzelfallregelung* herbeiführt. Durch die straßenrechtliche Widmung erhält eine Verkehrsfläche die rechtliche Eigenschaft einer öffentlichen Straße. Die Widmung ist nicht an eine bestimmte Person oder einen bestimmbaren Personenkreis gerichtet. Ihre Rechtswirkungen betreffen vielmehr *generell* alle zukünftigen Benutzer der Verkehrsfläche, jedoch nur für den *konkreten* Benutzungsfall. Es handelt sich bei der Widmung daher um eine sachbezogene Allgemeinverfügung (§ 35 S. 2, 2. Alt. VwVfG).

cc) Die benutzungsregelnde Allgemeinverfügung, § 35 S. 2, 3. Alt. VwVfG

Beispiel 19: E will die öffentliche Zufahrtsstraße zu seinem am Waldrand gelegenen Wochenendhaus nutzen, muss jedoch feststellen, dass ein von der zuständigen Behörde neu aufgestelltes Verkehrsschild die Durchfahrt verbietet. Liegt ein VA oder eine Rechtsnorm vor?

Lösung: Verkehrsschilder sind, weil das Straßenverkehrsrecht zum öffentlichen Recht gehört, Maßnahmen einer Behörde auf dem Gebiet des öffentlichen Rechts. Da das betreffende Verkehrszeichen ein Verbot enthält, liegt auch der für den VA erforderliche Regelungscharakter vor. Fraglich ist, ob eine konkret-generelle Regelung (= VA) oder eine abstrakt-generelle Regelung (= Rechtsnorm) vorliegt. Da bei der Aufstellung des Verkehrszeichens der betroffene Adressatenkreis weder bestimmt noch bestimmbar ist, könnte eine abstrakt-generelle Regelung und damit eine Rechtsnorm vorliegen. Hiergegen spricht jedoch, dass ein Verkehrszeichen eine bestimmte örtliche Situation betrifft und damit „die Benutzung einer öffentlich-rechtlichen Sache durch die Allgemeinheit" (§ 35 S. 3, 3. Alt. VwVfG) regelt. Das Verkehrszeichen stellt daher eine benutzungsregelnde Allgemeinverfügung und damit einen VA dar.

Klausurtipp: Da Verkehrsschilder eine Vielzahl von Verkehrsfällen regeln, wäre es denkbar, derartige Verkehrszeichen als Rechtsnormen einzustufen. Die h. M. qualifiziert das Verkehrsschild, das ein Ge- oder Verbot enthält, als *benutzungsregelnde Allgemeinverfügung*. Aus taktischen Gründen sollte dieser Auffassung gefolgt werden. Dass hierüber eine Kontroverse besteht, sollte allerdings bekannt sein.

Formulierungsvorschlag: *„Die Anordnung eines Verkehrsschilds stellt eine sich ständig wiederholende Allgemeinverfügung dar, die an die jeweils anwesenden Verkehrsteilnehmer gerichtet ist."*

b) Verfahrensrechtliche Besonderheit der Allgemeinverfügung

In der Klausur kann die Allgemeinverfügung in verfahrensrechtlicher Hinsicht eine Rolle spielen:

- Man sollte vor allem daran denken, dass die Behörde bei einer Allgemeinverfügung gemäß § 28 II Nr. 4 VwVfG (lesen!) von der *Anhörung der Beteiligten* absehen kann. Bei der Anhörung geht es um die formelle Rechtmäßigkeit des VAs, vgl. dazu Lektion 2: „Die Rechtmäßigkeit des VAs".
- Die Allgemeinverfügung kann ferner *öffentlich* bekannt gegeben werden (§ 41 III S. 2 VwVfG; lesen!).
- Eine öffentlich bekannt gegebene Allgemeinverfügung muss nicht begründet werden (§ 39 II Nr. 5 VwVfG; lesen!).

F. Unmittelbare Außenwirkung

Das letzte Begriffsmerkmal des VAs ist die *unmittelbare Außenwirkung.*

> **Merksatz:** Unmittelbare Rechtswirkung nach außen meint, dass die angeordneten Rechtsfolgen außerhalb der Verwaltung stehende Personen treffen sollen, indem deren Rechtsposition erweitert, eingeschränkt oder entzogen wird.

Bei diesem Begriffsmerkmal geht es um die Abgrenzung zu *rein verwaltungsinternen* Regelungen, also um die Frage, ob die getroffene Regelung in einen anderen Rechtskreis eingreift. Ist Adressat einer behördlichen Maßnahme ein *Bürger* oder ein *anderer Verwaltungsträger,* so ist in der Regel von der unmittelbaren Rechtswirkung nach außen auszugehen. Sehr viel problematischer sind demgegenüber alle *verwaltungsinternen* Maßnahmen.

I. Sonderstatusverhältnisse

Klausurrelevant ist das Merkmal der Außenwirkung bei Maßnahmen, die in einem sog. *Sonderrechtsverhältnis* vollzogen werden. Ein Sonderrechtsverhältnis liegt vor, wenn zwischen der Behörde und dem betroffenen Bürger ein spezifisches Rechtsverhältnis gegeben ist (Sonderrechtsverhältnis). Die wichtigsten klausurrelevanten Fälle sind folgende:

- Beamte und Richter
- Schüler und Studenten
- Soldaten, Wehr- und Ersatzdienstleistende
- Strafgefangene.

1. Beamte

Problematisch wird die Abgrenzung zwischen VA und innerbehördlicher Einzelweisung insbesondere bei Entscheidungen gegenüber Beamten. Bei einer Maßnahme im Beamtenverhältnis kommt es darauf an, ob die Maßnahme die *Amtsstellung* (dann behördenintern) oder die *persönliche Rechtsstellung* des Beamten (dann Außenwirkung) betrifft. Umstritten ist, wie die Grenzlinie zwischen der amts- und der persönlichen Sphäre des Beamten genau bestimmt werden kann.

Eine grobe Unterscheidungsmöglichkeit bietet die Einteilung in *Grund- und Betriebsverhältnis*. Diese Einteilung beruht auf der Annahme eines „besonderen Gewaltverhältnisses", wonach die in Frage stehende Maßnahme entweder das sog. *Grundverhältnis* des Beamten zum Staat oder das sog. *Betriebsverhältnis* betrifft.

Regelungen des Grundverhältnisses sind dabei alle Fragen, die den Bestand des Beamtenverhältnisses selbst betreffen, also z.b. die Ernennung, Entlassung und Beförderung sowie solche Anordnungen, die sich auf den privaten Lebensbereich auswirken, z.b. Versetzung und Urlaubsgewährung.

Regelungen des Dienstverhältnisses hingegen sind Maßnahmen, die nur den *inneren Dienstbetrieb* regeln sollen und damit dem Betriebsverhältnis zuzuordnen sind, z.b. Ablehnung eines Dienstreiseantrags, Zuweisung eines anderen Dienstzimmers oder einer anderen Tätigkeit.

Grundverhältnis	**Betriebsverhältnis**
Bestand des Beamtenverhältnisses selbst betroffen.	Regelung des inneren Dienstverhältnisses.
Beispiel: Ernennung, Beförderung, Entlassung.	**Beispiel:** Umsetzung, Ablehnung eines Dienstreiseantrags, Zuweisung eines anderen Dienstzimmers.
Unmittelbare Außenwirkung -> VA	Verwaltungsinterne Maßnahme: Keine unmittelbare Außenwirkung -> kein VA

Heute wird demgegenüber überwiegend darauf abgestellt, ob mit der Maßnahme beabsichtigt wird, in subjektive Rechte einer natürlichen Person einzugreifen. Die obige Abgrenzung zwischen Grund- und Betriebsverhältnis wurde inzwischen weitestgehend aufgegeben. Es wird nunmehr danach unterschieden, ob die Maßnahme *die Amtsstellung* oder *die persönliche Rechtsstellung* des Beamten betrifft:

- Ist der Beamte nur in seiner Funktion als Teil der Verwaltung betroffen, bleibt die Maßnahme behördenintern und ist kein VA.

- Tritt der Beamte hingegen seinem Dienstherrn als Rechtspersönlichkeit gegenüber, so liegt eine Regelung mit Außenwirkung und damit ein VA vor.

> **Klausurtipp:** Auch wenn die Unterscheidung nach dem Grund- und Betriebsverhältnis inzwischen überholt ist, sollte in der Klausur bei der Abgrenzungsfrage zunächst der Sachverhalt unter diese Begrifflichkeiten subsumiert werden, um zu dokumentieren, dass diese Unterscheidung bekannt ist. Sodann sollte eine Einordnung auf der Grundlage der neueren Unterscheidung vorgenommen werden.

Beispiel 20: Die Beamtin B ist seit mehreren Jahren als Sachbearbeiterin im Bauamt der Gemeinde G beschäftigt. Der krankheitsbedingte Ausfall ihrer Kollegin K führt dazu, dass B von ihrem Vorgesetzten angewiesen wird, einige Akten der K mitzubearbeiten. B empfindet dies als eine ungerechtfertigte Mehrbelastung. Handelt es sich bei der Zuweisung um eine für einen VA erforderliche Regelung mit Außenwirkung?

Lösung: Die Zuweisung der zusätzlichen Akten an B entfaltet nur dann Außenwirkung, wenn die Regelung dazu bestimmt ist, unmittelbar in deren Rechte als eine außerhalb der Verwaltung stehende Person einzugreifen. Die Zuweisung der Akten an B betrifft nicht deren Beamtenstellung, sondern den inneren Dienstbetrieb und damit das *Betriebsverhältnis*. Die Maßnahme entfaltet danach lediglich verwaltungsinterne Wirkungen und hat keine unmittelbare Außenwirkung.

Zum gleichen Ergebnis gelangt man, wenn man danach unterscheidet, ob durch die Regelung die *Amtsstellung* oder die *persönliche Rechtsstellung* der B betroffen ist. Durch die zusätzliche Arbeit ist B nicht in ihren eigenen Rechten betroffen. Die Zuweisung erhöht für B die Anzahl der zu bearbeitenden Fälle, hat aber keinen Einfluss auf ihre Arbeitszeiten. Es handelt sich damit nur um eine *verwaltungsinterne Weisung*. Insoweit fehlt es an der für einen VA erforderlichen Außenwirkung.

Beispiel 21: Der bei der Gemeinde G in der Stadtkasse beschäftigte Beamte B trat in der Vergangenheit wiederholt strafrechtlich in Erscheinung. Bislang blieb es bei mehreren Geldstrafen und zuletzt bei einer Freiheitsstrafe, die zur Bewährung ausgesetzt wurde. Da B sich wegen verschiedener Geschäfte in erheblichen finanziellen Schwierigkeiten befand, sah er keinen anderen Ausweg, als der Stadtkasse mehrmals Beträge i. H. v. insgesamt 10.000,00 € zu entnehmen. B wird hierfür wegen Betrugs in mehreren Fällen zu einer Gesamtfreiheitsstrafe von einem Jahr und sechs Monaten ohne Bewährung verurteilt. Da B für die Gemeinde nicht mehr

24

tragbar ist, wird seine Entlassung verfügt. Hat diese Maßnahme unmittelbare Außenwirkung?

Lösung: Die Entlassung des B entfaltet nur dann Außenwirkung, wenn die Regelung dazu bestimmt ist, unmittelbar in dessen Rechte als eine außerhalb der Verwaltung stehende Person einzugreifen. Die Entlassung des B hat unmittelbare Auswirkungen auf sein Beamtenverhältnis und betrifft damit das Grund- und nicht das Betriebsverhältnis. Die Maßnahme hat unmittelbare Außenwirkung. Die Entlassung des B betrifft diesen in seiner *persönlichen Rechtsstellung* und ist nicht bloß eine behördeninterne Maßnahme, so dass auch nach dieser Einteilung eine unmittelbare Außenwirkung anzunehmen ist.

2. Schüler und Studenten

Auch im Bereich Schule und Universität werden sogenannte Sonderrechtsverhältnisse begründet. Bei der Frage, ob eine Maßnahme unmittelbare Außenwirkung entfaltet, gelten die für das Beamtenverhältnis dargestellten Grundsätze. Die Unterscheidung zwischen Grund- und Betriebsverhältnis wurde aufgegeben. Es ist darauf abzustellen, ob es sich um eine Maßnahme zur Regelung des internen (Hoch-) Schulbetriebs oder um einen Eingriff in die Stellung des Schülers oder Studenten als Träger eigenständiger Rechte handelt.

Beispiel 22: Die Schülerin S besucht die siebte Klasse einer Realschule. S fällt seit einiger Zeit durch ihr negatives Verhalten während des Unterrichts auf. Als S wieder einmal den Unterricht durch ständige Zwischenrufe stört und die Lehrerin L mit Papierkugeln beschmeißt, sieht diese keine andere Möglichkeit, als S eine Strafarbeit aufzugeben, die diese bis zum nächsten Tag zu erledigen hat. Entfaltet diese Maßnahme der L unmittelbare Außenwirkung?

Lösung: Die Erteilung einer Strafarbeit an S entfaltet nur dann Außenwirkung, wenn die Regelung dazu bestimmt ist, unmittelbar in deren Rechte als eine außerhalb der Verwaltung stehende Person einzugreifen. L will durch die Erteilung der Strafarbeit an S einen reibungslosen Unterricht sicherstellen. Die Maßnahme hat lediglich Auswirkungen auf den internen Schulbetrieb und betrifft nicht die S als Trägerin von eigenen Rechten. Die Maßnahme entfaltet daher nicht die für das Vorliegen eines VAs erforderliche unmittelbare Außenwirkung.

Beispiel 23: Wieder geht es um die Schülerin S, deren negatives Verhalten in der letzten Zeit immer auffälliger wurde. Mehrere Klassenkameraden wurden bestohlen und es stellte sich heraus, dass S hierfür verantwortlich war. In der Pause stellt S die Klassenkameradin K, die dem Klassenlehrer die S als vermutliche Täterin genannt hat, zur Rede und verprügelt diese so heftig, dass sie mit einer Platzwunde im Gesicht ärztlich behandelt werden muss. Die Schulleitung kennt die schwierigen Familienverhältnisse der S, sieht aber dennoch keine andere Möglichkeit, als ihr den Verweis von der Schule anzudrohen. Entfaltet diese Androhung unmittelbare Außenwirkung?

Lösung: Die Androhung des Schulverweises an S entfaltet nur dann Außenwirkung, wenn die Regelung dazu bestimmt ist, unmittelbar in deren Rechte als eine außerhalb der Verwaltung stehende Person einzugreifen. Durch die Androhung des Schulverweises wird S unmittelbar in ihren Rechten als Schülerin betroffen, da diese in das grundsätzliche Rechtsverhältnis zwischen ihr als Schülerin und der Schule eingreift. Die Maßnahme betrifft nicht lediglich den inneren Schulbetrieb und entfaltet damit unmittelbare Außenwirkung. Es liegt also ein VA vor.

3. Soldaten, Wehr-, Ersatzdienstleistende und Strafgefangene

Auch in diesen Fällen gelten die für das Beamtenverhältnis entwickelten Grundsätze. In der Klausur tauchen diese Gruppen allerdings seltener auf. Zu beachten ist, dass in diesen Sonderstatusverhältnissen manche Grundrechte nicht oder nur eingeschränkt gelten. So ist etwa bei einem Strafgefangenen das Grundrecht aus Art. 2 Abs. 2 S. 1 GG eingeschränkt.

II. Mehrstufiger VA

Klausurrelevant ist im Rahmen des Merkmals der unmittelbaren Außenwirkung auch der Fall des sog. *mehrstufigen VAs*. Ein mehrstufiger VA ist dann anzunehmen, wenn eine Regelung mehrere aufeinander folgende Akte vorsieht, d.h. mehrere Behörden an einem VA mitwirken, dem Bürger aber nur die letzte Entscheidung bekannt gegeben wird.

Beispiel 24: E ist Eigentümer eines im Außenbereich (§ 35 BauGB; lesen!) gelegenen Grundstücks und möchte auf diesem ein Wohnhaus errichten. Das Kreisbauamt weist den Antrag des E auf Erteilung der Baugenehmigung jedoch zurück, da die Gemeinde dem Vorhaben nicht zugestimmt hat, § 36 BauGB (lesen!). E ist über die Entscheidung der Gemeinde sehr erbost und will diese auf gerichtlichem Wege zur Zustimmung zwingen. Handelt es sich bei Zustimmung um eine Entscheidung mit unmittelbarer Außenwirkung und damit um einen VA?

Lösung: Die Zustimmung der Gemeinde erzeugt dann unmittelbare Außenwirkung, wenn die Regelung dazu bestimmt ist, unmittelbar in die Rechte des E als eine außerhalb der Verwaltung stehende Person einzugreifen. Die Gemeinde trifft durch die Ablehnung der Zustimmung keine endgültige Regelung, sondern wirkt lediglich an einer *innerbehördlichen* Entscheidung mit. Erst durch die Nichterteilung der Baugenehmigung durch das Kreisbauamt wird eine gegenüber E nach außen wirksame Entscheidung getroffen. Durch das Ablehnen der Zustimmung wird keine unmittelbare Außenwirkung erzeugt, so dass es sich dabei nicht um einen VA handelt. Um Rechtsschutz zu erlangen, müsste E gegen die Entscheidung des Kreisbauamts vorgehen.

Ob die Mitwirkungshandlung unmittelbare Außenwirkung entfaltet und damit einen VA darstellt, kann danach beurteilt werden, ob der Mitwirkungsbehörde eine *selbstständige* und *ausschließliche* Prüfung und Geltendmachung von bestimmten, bei der Entscheidung zu berücksichtigenden Gesichtspunkten zusteht (= unmittelbare Außenwirkung der Mitwirkungshandlung) oder ob die Mitwirkungsbehörde lediglich *dieselben Gesichtspunkte* zu prüfen hat wie die Entscheidungsbehörde (= keine unmittelbare Außenwirkung der Mitwirkungshandlung).

III. Maßnahmen gegenüber anderen Verwaltungsträgern

Schließlich kann es bei Weisungen von Verwaltungsträgern untereinander darum gehen, ob diese unmittelbare Außenwirkung erzeugen. Adressat eines VAs kann nämlich auch ein Verwaltungsträger sein.

27

Eine behördliche Maßnahme, die gegenüber einem Verwaltungsträger ergeht, besitzt unmittelbare Außenwirkung i. S. d. VA-Begriffs, soweit der betroffene Verwaltungsträger diesbezüglich mit *eigenen Rechten* (z.b. Selbstverwaltungsrechten) ausgestattet ist.

Beispiel 25: Beanstandungsverfügungen im Rahmen der staatlichen *Rechtsaufsicht* über die Gemeinden (§ 118 I GO **BaWü**; § 109 I GO **Bay**; § 109 BbgKVerf; § 135 GO **Hess**; § 78 II KV **MV**; § 173 NKomVG; § 122 GO **NW**; § 117 S. 1 GO **RhPf**; §§ 192; 127 I KSVG **Saarl**; § 111 I GO **Sachs**; § 143 KVG **LSA**; § 120 S. 1 GO **SH**; § 117 I KO **Thür**); Genehmigung des Flächennutzungsplans (§ 6 I BauGB; lesen!)

Prüfungsschema: Der Verwaltungsakt, § 35 S. 1 VwVfG

Behörde	- Stelle, die Aufgaben der öffentlichen Verwaltung wahrnimmt (§ 1 IV VwVfG) - Keine Behörde sind Privatpersonen; Ausnahme: Beliehene
Hoheitliche Maßnahme	- liegt vor, wenn die Behörde etwas einseitig regelt - Abgrenzung zum öffentlich-rechtlichen Vertrag
Auf dem Gebiet des öffentlichen Rechts	- Abgrenzung zum privatrechtlichen Handeln von Behörden
Regelung	- die Maßnahme ist auf das Setzen einer Rechtsfolge gerichtet - Realakte stellen keine Regelung dar
Einzelfall	- Abgrenzung zur Rechtsnorm - Allgemeinverfügungen i. S. d. § 35 S. 2 VwVfG sind VAe
Außenwirkung	- die Rechtsfolge der Maßnahme tritt unmittelbar bei einer außerhalb der Verwaltung stehenden Person ein und dies ist auch beabsichtigt - Problemfeld: Sonderstatusverhältnisse (Beamte, Schüler etc.)

Lektion 2: Die Rechtmäßigkeit des Verwaltungsakts

In diesem Abschnitt geht es um die Voraussetzungen, unter denen ein VA *rechtmäßig* ist. Dazu muss der VA mit dem geltenden Recht übereinstimmen. Bei der Prüfung der Rechtmäßigkeit eines VAs sollte folgende Prüfungsreihenfolge eingehalten werden:

A. Nennung der Ermächtigungsgrundlage für den VA
B. Formelle Rechtmäßigkeit des VA
C. Materielle Rechtmäßigkeit des VA

A. Einschlägige Ermächtigungsgrundlage

An erster Stelle der Prüfung ist zu überlegen, welche Norm als Ermächtigungsgrundlage in Betracht kommt. Genannt werden sollte die Norm, auf die der Eingriff durch die Behörde gestützt wird.

I. Notwendigkeit einer Ermächtigungsgrundlage

Greift die Verwaltung durch einen sog. *belastenden VA* in die Rechte des Einzelnen ein, ist hierfür eine gesetzliche Ermächtigungsgrundlage in Form einer Rechtsnorm (Gesetz, Verordnung, Satzung, etc.) erforderlich. Der Grundsatz der *Gesetzmäßigkeit der Verwaltung* (Art. 20 III GG) besagt, dass die Verwaltung an Recht und Gesetz gebunden ist.

Durch das Prinzip des *Vorbehalts des Gesetzes* wird der Grundsatz der Gesetzmäßigkeit der Verwaltung konkretisiert: Danach darf eine Verwaltungsbehörde nur handeln, wenn ihr dies durch eine Rechtsnorm (Rechtsgrundlage) *gestattet, sie also ermächtigt* ist. Das Prinzip des Vorbehalts des Gesetzes gilt aber nicht für jede Form des Verwaltungshandelns. Folgende Bereiche können hierbei in der Klausur von Bedeutung sein:

1. Ist auch bei der Leistungsverwaltung eine Ermächtigungsgrundlage erforderlich?

Leistungsverwaltung meint die Verwaltungstätigkeit, durch die jemand *begünstigt* wird. Ein typisches Beispiel für die Leistungsverwaltung ist die Gewährung von *Subventionen.* Subventionen erfordern grds. keine gesetzliche Grundlage. Es reicht aus, dass die Gewährung *im Haushaltsplan* festgelegt ist.

Beispiel 1: H betreibt ein kleines Handwerksunternehmen. Der Landtag hat im Haushaltsplan für das laufende Haushaltsjahr besondere Mittel für kleine Handwerksunternehmen bereitgestellt. Wie die Mittel verteilt werden sollen, ist im Einzelnen in einer Richtlinie der zuständigen Behörde ausgearbeitet worden. Ist eine ausreichende gesetzliche Ermächtigungsgrundlage gegeben?

Lösung: Bei der Gewährung von Subventionen handelt es sich um eine Aktivität der *Leistungsverwaltung.* Grundsätzlich soll bei der Vergabe von Subventionen der Grundsatz des Vorbehalts des Gesetzes nicht gelten. Als Rechtsgrundlage reicht der Ansatz im Haushaltsplan in Verbindung mit den Subventionsrichtlinien aus. Es liegt somit eine hinreichende Ermächtigungsgrundlage vor.

Ausnahmsweise kann auch im Bereich der Leistungsverwaltung eine gesetzliche Grundlage erforderlich sein. Ob dies der Fall ist, richtet sich nach der sog. *Wesentlichkeitstheorie.* Danach muss der Gesetzgeber alle *wesentlichen Entscheidungen* selbst treffen und darf sie nicht vollständig der Verwaltung überlassen. Wesentlich sind insbesondere Entscheidungen, die die *Grundrechte des Einzelnen* berühren.

Beispiel 2: Es werden Gelder für einzelne Zeitungsverlage oder für Vereine, die vor Sekten warnen, bereitgestellt. Dadurch besteht jedoch die Gefahr einer unkontrollierten staatlichen Einflussnahme auf die Pressefreiheit (Art. 5 I GG) bzw. den weltanschaulich-religiösen Bereich (Art. 4 GG). Deshalb ist in beiden Fällen eine gesetzliche Grundlage für die Vergabe erforderlich. Der Haushaltsplan alleine genügt also nicht.

2. Sonderstatusverhältnisse

Die Frage, ob eine Rechtsgrundlage erforderlich ist, stellt sich regelmäßig auch beim Vorliegen eines *Sonderstatusverhältnisses* (vgl. hierzu Lektion 1). In diesen Fällen (Beamtenwesen, Schule, Strafanstalt, Wehrdienst) war nach einer früheren Ansicht die Geltung der Grundrechte und des Gesetzesvorbehalts eingeschränkt.

Nach heute h.M. gelten die Grundrechte aber auch im *besonderen Gewaltverhältnis* grundsätzlich uneingeschränkt. Sie können dort nur durch Gesetz oder aufgrund eines Gesetzes eingeschränkt werden. Damit steht fest, dass es auch hier für einen Eingriff in Grundrechte stets einer Rechtsgrundlage bedarf.

Beispiel 3: Der Strafgefangene S sitzt seit mehreren Jahren in der Haftanstalt H ein. Die Anstaltsleitung erhält den anonymen Hinweis, dass S seinen Ausbruch plane und hierbei von seiner Lebensgefährtin unterstützt werde. Die Anstaltsleitung ordnet darauf hin an, S genau zu beobachten und vor allem die Post, die er von L erhält, zu kontrollieren. Als S erneut mehrere Briefe von L erhält, muss er feststellen, dass diese allesamt geöffnet wurden. S sieht sich hierdurch in seinen Grundrechten verletzt und meint, dass die Briefe geöffnet worden seien, ohne dass dies durch eine entsprechende gesetzliche Regelung gestattet sei. Trifft dies zu?

Lösung: Das Verhältnis des S zur Haftanstalt H ist ein Sonderstatusverhältnis (sog. *besonderes Gewaltverhältnis*). In diesem Sonderverhältnis gelten die Grundrechte heute grundsätzlich uneingeschränkt und können nur durch Gesetz oder aufgrund eines Gesetzes eingeschränkt werden. Durch das Öffnen und Lesen der Briefe wird in das Grundrecht des S aus Art. 10 Abs. 1 GG (Schutz des Brief-, Post- und Fernmeldegeheimnisses) eingegriffen, so dass für diese Maßnahme eine Rechtsgrundlage erforderlich ist. In Betracht kommt § 196 StVollzG[1] (lesen!). Nach dieser Vorschrift werden die Grundrechte aus Art. 2 Abs. 2 S. 1 und S. 2 sowie aus Art. 10 Abs. 1 GG eingeschränkt. Die Haftanstalt hat ihr Handeln somit auf eine hinreichende Ermächtigungsgrundlage gestützt.

---

[1] Seit dem Inkrafttreten der Föderalismusreform besteht keine Gesetzgebungskompetenz des Bundes mehr für den *Strafvollzug*. Die bisherigen Bundesvorschriften gelten aber so lange fort, wie sie nicht durch Landesrecht ersetzt worden sind, vgl. Art. 125a I GG.

II. Einzelne Ermächtigungsgrundlagen

Bei der Frage nach der einschlägigen Ermächtigungsgrundlage ist zu beachten, dass *spezielle* Regelungen stets vor den allgemeinen zu prüfen sind. Beispiele für oft in Klausuren auftauchende Rechtsgrundlagen:

- § 15 I, III GastG[2]: Rücknahme und Widerruf einer Gaststättenerlaubnis

- §§ 15 III, 13 VersG[3]: Auflösung von Versammlungen

- § 35 I GewO: Gewerbeuntersagung

- §§ 48, 49 VwVfG: Rücknahme bzw. Widerruf eines VA; vgl. hierzu näher Lektion 3.

Als Ermächtigungsgrundlage kommen außerdem auch Rechtsverordnungen und Satzungen in Betracht.

III. Vereinbarkeit der Rechtsgrundlage mit höherrangigem Recht

Die einschlägige Ermächtigungsgrundlage muss ihrerseits wirksam sein. Aber nur dann, wenn sich im Sachverhalt Hinweise auf eine mögliche Unwirksamkeit der zugrunde liegenden Ermächtigungsgrundlage finden, ist diese zu überprüfen. Klausurrelevant sind hier vor allem Rechtsverordnungen oder gemeindliche Satzungen. Bei Anhaltspunkten im Sachverhalt ist zu prüfen, ob diese mit dem höherrangigen Recht, insbesondere mit dem Grundgesetz, vereinbar sind.

---

[2] Seit dem Inkrafttreten der Föderalismusreform besteht keine Gesetzgebungskompetenz des Bundes mehr für das *Gaststättenrecht, Messen, Ausstellungen, Märkte und den Ladenschluss.* Die bisherigen Bundesvorschriften gelten aber so lange fort, wie sie nicht durch Landesrecht ersetzt worden sind, vgl. Art. 125a I GG.
[3] Für das *Versammlungsgesetz* besteht seit dem Inkrafttreten der Föderalismusreform ebenfalls keine Gesetzgebungskompetenz des Bundes mehr. Die bisherigen Bundesvorschriften gelten aber so lange fort, wie sie nicht durch Landesrecht ersetzt worden sind, vgl. Art. 125a I GG.

B. Die formelle Rechtmäßigkeit des VAs

Zu den formellen Voraussetzungen für den Erlass eines belastenden VAs gehören

---

I. Die *Zuständigkeit* der Erlassbehörde
II. Die Einhaltung des ordnungsgemäßen *Verfahrens*
III. Die Beachtung von *Formerfordernissen*
IV. Mögliche *Heilung* von Verfahrens- und Formfehlern

Merksatz:
Formelle Rechtmäßigkeit = Zuständigkeit, Verfahren, Form.

I. Die Zuständigkeit der Erlassbehörde

Die Erlassbehörde muss *sachlich* und *örtlich* zuständig sein. Bei der sachlichen Zuständigkeit ist die sog. *Verbandskompetenz* zu klären, also die Frage, welcher Verwaltungsträger eine bestimmte Verwaltungsaufgabe wahrzunehmen hat.

Beispiel 4: Mögliche Verwaltungsträger sind z.b. der Bund, das Land, die Gemeinde.

Nach Art. 83 ff. GG sind in der Regel die Länder Verwaltungsträger, der Bund nur dann, wenn ihm die Aufgaben ausdrücklich zugewiesen sind.

Anschließend ist zu prüfen, welchem Organ eines Verwaltungsträgers, d.h. welcher Behörde, die Aufgabe zugewiesen ist, *sog. Organkompetenz.*

Beispiel 5: Innerhalb einer Gemeinde kann z.B. der Gemeinderat oder der Bürgermeister zuständig sein.

Es handelt sich hingegen *nicht* um eine Frage der sachlichen Zuständigkeit, wenn zwar die richtige *Behörde*, nicht aber das richtige *Amt* gehandelt hat.

Beispiel 6: In der Gemeinde G wird eine Abrissverfügung für die baurechtswidrig errichtete Garage des E versehentlich vom Ordnungs-, statt vom Bauamt erlassen. E will gegen die Verfügung vorgehen. Er ist der Auffassung, dass der VA allein schon wegen der sachlichen Unzuständigkeit des Ordnungsamts rechtswidrig sei. Hat E damit Recht?

Lösung: Zwar ist die Abrissverfügung von der richtigen Behörde erlassen worden, doch hat mit dem Ordnungsamt ein falsches Amt gehandelt. Dies betrifft allerdings nur eine Frage der *internen Geschäftsverteilung*, nicht hingegen der sachlichen Zuständigkeit. Der Verstoß führt daher nicht zur sachlichen Unzuständigkeit der Behörde, da diese nicht die Verteilung der einzelnen Ämter betrifft.

Die *örtliche Zuständigkeit* regelt den räumlichen Wirkungskreis einer Behörde. Sofern Spezialgesetze fehlen, richtet sich diese nach § 3 VwVfG. Verletzungen der örtlichen Zuständigkeit sind nach § 46 VwVfG dann unbeachtlich, wenn in der Sache keine andere Entscheidung getroffen worden wäre.

II. Verfahren

Die wichtigsten Verfahrensvorschriften sind in den §§ 9 ff. VwVfG (lesen!) geregelt. Zwar ergibt sich aus § 10 VwVfG, dass die Gestaltung des Verwaltungsverfahrens grundsätzlich Sache der Behörde ist, allerdings gibt es zahlreiche Sondervorschriften über das Verwaltungsverfahren, die von der Behörde zu beachten sind, damit ein VA rechtmäßig ist. Für die Klausur sind folgende Problemfelder von Bedeutung:

1. Ausschluss von Amtsträgern (§§ 20, 21 VwVfG)

§ 20 VwVfG schreibt vor, dass bestimmte Personen (z.B. Amtsträger, die selbst am Verfahren beteiligt sind sowie Angehörige bzw. Vertreter eines Beteiligten) automatisch kraft Gesetzes von der Mitwirkung in einem Verwaltungsverfahren *ausgeschlossen* sind. Der Ausschluss eines Betroffenen führt dazu, dass eine Entscheidung rechtswidrig und damit aufhebbar wird, wenn er an dieser dennoch mitwirkt.

Beispiel 7: P ist als Prüfer für die mündliche Prüfung für das Zweite Juristische Staatsexamen tätig. Als P erfährt, dass sein Neffe N von ihm geprüft werden soll, erklärt er sich gegenüber dem Prüfungsamt für diesen Prüfungstermin für befangen. Hat P sich ordnungsgemäß verhalten?

Lösung: Gemäß § 20 I Nr. 2 i. V. m. V Nr. 5 VwVfG darf in einem Verwaltungsverfahren für eine Behörde nicht tätig werden, wer Angehöriger eines Beteiligten ist. Kinder der Geschwister sind gemäß § 20 V Nr. 5 VwVfG Angehörige. P ist als Onkel des N somit dessen Angehöriger und vom Verfahren ausgeschlossen.

2. Anhörung

Gemäß § 28 I VwVfG hat die Behörde vor Erlass eines belastenden VAs eine *Anhörung* der Beteiligten durchzuführen.

a) Begünstigender VA

Nach der Rechtsprechung gilt das Anhörungserfordernis nicht für die Ablehnung eines *begünstigenden* VAs: Der Antragsteller habe schon bei der Antragstellung ausreichend Gelegenheit gehabt, sich zu äußern, so dass den Anforderungen des § 28 VwVfG entsprochen worden sei.

b) Ausnahmen von der Anhörungspflicht nach § 28 II, III VwVfG

Nach § 28 II Nr. 1-5, III VwVfG muss die Anhörung in bestimmten Fällen nicht durchgeführt werden. Die Aufzählung der Ausnahmegründe in § 28 II Nr. 1-5 VwVfG ist nicht abschließend. In der Klausur sind die Ausnahmetatbestände eher eng auszulegen. Denn der Anspruch auf rechtliches Gehör zählt zu den Grundsätzen des rechtsstaatlichen Verwaltungshandelns (Art. 20 III, 28 I GG).

Zu beachten ist, dass die Behörde in den Fällen des § 28 II, III VwVfG auf eine Anhörung verzichten *kann*, d.h., dass die Behörde in der Entscheidung Ermessen hat.

Beispiel 8: G betreibt eine Gastwirtschaft in der Kölner Innenstadt. Zwei Anwohner beklagen sich beim Ordnungsamt der Stadt über die Zustände in der Gastwirtschaft. Als zwei Beamte des Ordnungsamtes die Gastwirtschaft aufsuchen, treffen sie G in stark alkoholisiertem Zustand an; G ist kaum ansprechbar. Die gesamte Gastwirtschaft befindet sich in einem völlig verwahrlosten Zustand, vor allem die Küche ist derart verschmutzt, dass dort keine Speisen mehr zubereitet werden können. Als die Beamten sich umsehen, droht G den Beamten Schläge an. Da durch die Zustände in der Gastwirtschaft und durch das Verhalten des G erhebliche Gefahren für die Gesundheit und das Leben der Gäste bestehen, entziehen die Beamten dem G gemäß § 15 I I. V. m. § 4 I Ziff. 1, 2 GastG die Erlaubnis zum Betrieb des Gaststättengewerbes, ohne diesen zuvor anzuhören. Ist die Entziehung formell rechtmäßig?

Lösung: Wegen der fehlenden Anhörung könnte ein Verfahrensverstoß vorliegen, der zur Rechtswidrigkeit der Entscheidung führt. Grundsätzlich hätte G angehört werden müssen, da das Entziehen der Erlaubnis ein belastender VA ist. Nach § 28 II Nr. 1 VwVfG kann von der Anhörung jedoch abgesehen werden, wenn *Gefahr im Verzug* eine sofortige Entscheidung notwendig erscheinen lässt. Aufgrund der Zustände in der Gastwirtschaft, insbesondere aufgrund der völlig verschmutzten Küche, mussten die Beamten befürchten, dass die Gesundheit der Gäste gefährdet war. Hinzu kommt, dass G alkoholisiert war und sich aggressiv verhielt. Um Schäden für andere abzuwenden, mussten die Beamten umgehend handeln. Es durfte daher von der Anhörung abgesehen werden.

III. Form

Beim Erlass des VAs ist in der Regel gemäß § 37 II VwVfG keine besondere Form zu wahren. Dies gilt aber dann nicht, wenn eine bestimmte Form vorgeschrieben ist.

Beispiel 9: Beamtenernennung durch Aushändigung einer besonderen Urkunde mit einem besonderen Inhalt (§ 8 II BeamtStG); Schriftform der immissionsschutzrechtlichen Genehmigung (§ 10 VII BImSchG); Aushändigung eines Führerscheins bei Erteilung der Fahrerlaubnis.

Begründung, § 39 VwVfG

Nach § 39 I VwVfG ist ein schriftlicher VA auch schriftlich zu begründen. In der Begründung sind die Tatsachen aufzuführen, die aus Sicht der Behörde entscheidend sind. Ausnahmen von der Begründungspflicht enthält § 39 II VwVfG. Hierbei handelt es sich um Fälle, bei denen die Behörde dem Antrag des Bürgers entspricht und der VA nicht in Rechte Dritter eingreift.

IV. Heilung von Verfahrens- und Formfehlern, § 45 VwVfG

Nach § 45 VwVfG können bestimmte Verfahrensfehler durch Nachholung *geheilt* werden. Die Heilung bewirkt, dass der Verfahrensverstoß beseitigt und der VA als formell rechtmäßig anzusehen ist. Nach § 45 I VwVfG beschränkt sich die Nachholung und damit die Heilung auf bestimmte Verfahrenshandlungen, nämlich auf

- das Antragserfordernis
- die Begründung des VAs
- die Anhörung der Beteiligten und
- die Mitwirkung von Ausschüssen und anderen Verwaltungsbehörden.

In zeitlicher Hinsicht ist eine Heilung von Verfahrensfehlern durch die Neufassung des § 45 II VwVfG nunmehr bis zum Abschluss des verwaltungsgerichtlichen Verfahrens möglich. Die Behörde kann somit auch noch im Verwaltungsprozess die in § 45 I VwVfG aufgeführten Verfahrensfehler heilen.

1. Heilungsmöglichkeit bei fehlender Anhörung, § 45 I Nr. 3 VwVfG

In der Klausur spielt die Heilung eines Verfahrensfehlers vor allem beim *Fehlen der Anhörung* eine Rolle. Ist eine notwendige Anhörung unterblieben, kommt eine Heilung dieses Verfahrensfehlers durch Nachholung gemäß § 45 I Nr. 3 VwVfG in Betracht, so dass der VA als rechtmäßig anzusehen ist. Nach h.M. stellt die *Durchführung des Widerspruchsverfahrens* (§§ 68 ff. VwGO) die Nachholung i. S. d. § 45 I Nr. 3 VwVfG dar. Durch die Begründung des ursprünglichen VAs sind dem Widerspruchsführer die entscheidenden Tatsachen bekannt. Er erhielt durch die Rechtsbehelfsbelehrung ausreichende Gelegenheit, sich zu äußern.

Beispiel 10: G betreibt seit einigen Monaten ein Lokal in einem Wohngebiet. G lässt regelmäßig Live-Bands spielen, um das Geschäft anzukurbeln. Mehrere Anwohner beschweren sich beim Ordnungsamt der Stadt S über die ständige Lärmbelästigung. Ohne G vorher anzuhören, gibt die Behörde ihm durch Bescheid auf, sämtliche Fenster des alten Hauses durch neue Fenster zu ersetzen. Der Bescheid ist ordnungsgemäß begründet und enthält eine entsprechende Rechtsbehelfsbelehrung. G legt gegen den Bescheid Widerspruch ein, der zurückgewiesen wird. G ist sehr erbost über die Entscheidung. Er ist der Auffassung, dass er noch nicht einmal das Recht bekommen habe, sich zu dem Problem zu äußern. Trifft dies zu?

Lösung: Es könnte ein Verfahrensfehler vorliegen, da G nicht gemäß § 28 VwVfG angehört wurde. Ein Absehen von der Anhörung gemäß § 28 II, III VwVfG kommt nicht in Betracht, so dass an sich ein Verfahrensfehler besteht. Allerdings hat G durch das Widerspruchsverfahren ausreichend Gelegenheit bekommen, sich zu äußern. Durch das Widerspruchsverfahren tritt die Nachholung der Anhörung gemäß § 45 I Nr. 3 VwVfG ein. Der Verfahrensfehler wurde also geheilt.

2. Heilungsmöglichkeit bei fehlender Begründung, § 45 I Nr. 2 VwVfG

Auch das Fehlen einer Begründung (§ 39 VwVfG) kann durch Nachholung gemäß § 45 I Nr. 2 VwVfG geheilt werden.

38

Die Nachholung erfolgt durch die nachträgliche Bekanntgabe der Gründe, die für den VA bei Erlass entscheidend waren. Nicht erfasst ist das sogenannte *Nachschieben von Gründen*, das vorliegt, wenn die tatsächlichen Erwägungen der Behörde nachträglich korrigiert oder durch neue Tatsachen verändert werden.

V. Folgen von Verfahrens- und Formfehlern, § 46 VwVfG

Konnte ein formeller Fehler nicht nach § 45 VwVfG geheilt werden, so kann der Verstoß jedoch nach § 46 VwVfG unbeachtlich sein. Liegen die Voraussetzungen des § 46 VwVfG vor, bleibt der VA zwar nach wie vor *rechtswidrig*, jedoch ohne weitere Konsequenzen. Folgende Voraussetzungen müssen nach § 46 VwVfG erfüllt sein:

- Verletzung von Vorschriften über Verfahren, Form, örtliche Zuständigkeit
- kein Fall der Nichtigkeit nach § 44 VwVfG
- keine andere Entscheidung in der Sache ist nach materiellem Recht möglich.

1. Mögliche Fehler i. S. d. § 46 VwVfG

Als Verfahrensfehler i. S. d. § 46 VwVfG kommen in Betracht:

- fehlende Anhörung
- Beteiligung befangener Amtsträger
- fehlende *örtliche* (nicht aber *sachliche!*) Zuständigkeit
- unterbliebene Mitwirkung Dritter
- fehlende Begründung.

2. Nichtigkeit gemäß § 44 VwVfG?

Nach dem Wortlaut des § 46 ist zunächst zu prüfen, ob der VA nicht nach § 44 VwVfG nichtig ist. Die Nichtigkeit von

VAen ist nicht allein in § 44 VwVfG geregelt, auch in Spezialgesetzen finden sich entsprechende Regelungen.

Beispiel 11: § 11 I BeamtStG; § 40 SBG X.

Nach der Legaldefinition des § 44 VwVfG ist ein VA nichtig,

- soweit er an einem *besonders schwerwiegenden Fehler* leidet und
- dies bei verständiger Würdigung aller in Betracht kommenden Umstände *offensichtlich* ist.

Besonders schwerwiegend ist ein Fehler, wenn er in beson-
derem Widerspruch zur Rechtsordnung steht. *Offenkundig* ist
der Fehler, wenn er sich geradezu aufdrängt. Hierzu ist auf
die Sicht eines aufmerksamen und verständigen *Durch-
schnittsmenschen* abzustellen. Merke: Der Mangel muss dem
VA deutlich „auf der Stirn geschrieben stehen"! Allerdings
lassen sich keine allgemeingültigen Grundsätze aufstellen.
Faustformel: Der Fehler muss schwerer sein, als die in Abs. 3
genannten Fälle und mindestens ebenso schwer wiegen wie
die Fehler des Abs. 2.

Beispiel 12: Einberufungsbescheid zum Wehrdienst an eine Frau; Anordnung eines Verkehrszeichens durch die Forstbehörde statt durch die zuständige Straßenverkehrsbehörde.

§ 44 II VwVfG zählt abschließend eine Reihe von Sonder-
fällen auf, in denen ein VA stets nichtig ist (absolute Nichtigkeitsgründe). Demgegenüber enthält der Negativkatalog des
§ 44 III VwVfG Fehler, die für sich allein niemals die Nichtigkeit des VAes bewirken. Erst wenn diese Regelungen nicht
eingreifen, ist anhand der Generalklausel des § 44 I VwVfG
zu prüfen, ob der VA nichtig ist (relative Nichtigkeitsgründe).

§ 44 IV VwVfG betrifft die Frage der Teilnichtigkeit eines VAs.
Entscheidend ist, ob der nichtige Teil so wesentlich ist, dass
der gesamte VA ohne diesen nicht erlassen worden wäre.

Voraussetzung ist jedoch, dass der VA *teilbar* ist. Dies ist z.B. bei teilbaren Geld- oder Sachleistungen oder der Beifügung einer nichtigen Auflage der Fall.

Prüfungsreihenfolge der Nichtigkeitsgründe	
1. Nichtigkeit nach Sonder-vorschriften	z.B. § 11 I BeamtStG; § 40 SBG X
2. Nichtigkeit nach § 44 VwVfG	
a) § 44 II VwVfG	Absolute Nichtigkeitsgründe führen immer zur Nichtigkeit
b) § 44 III VwVfG	Fehler reicht zur Begründung der Nichtigkeit nicht aus
c) § 44 I VwVfG	Relative Nichtigkeitsgründe: nur bei Schwere und Offenkundigkeit des Fehlers liegt Nichtigkeit vor
d) § 44 IV VwVfG	Teilnichtigkeit führt nur zur Gesamtnichtigkeit, wenn der nichtige Teil so wesentlich ist, dass der VA ohne diesen nicht erlassen worden wäre

Ein nichtiger VA ist unwirksam (§ 43 III VwVfG; lesen!). Er ist daher wie ein *nicht ergangener* VA zu behandeln. Insbesondere ist der Betroffene nicht an den VA gebunden; die Behörde darf ihn nicht durchsetzen.

VI. Umdeutung nach § 47 VwVfG

Ein fehlerhafter VA kann bei Vorliegen bestimmter Voraussetzungen nach § 47 VwVfG in einen fehlerfreien VA *umgedeutet* werden.

Die Umdeutung bewirkt, dass die ursprüngliche Regelung des VAs durch eine andere (zielgleiche) ersetzt wird.

Beispiel 13: Umdeutung der fristlosen Entlassung eines Probebeamten in eine fristgemäße Entlassung.

Nach h.M. ist die Umdeutung selbst kein VA. Sind die Voraussetzungen für eine Umdeutung erfüllt, tritt diese kraft Gesetzes ein. Eine Umdeutung kann nach h.M. auch durch das Gericht festgestellt werden.

C. Die materielle Rechtmäßigkeit

Im Rahmen der materiellen Rechtmäßigkeit ist zu prüfen, ob der VA mit allen einschlägigen Rechtsvorschriften und Rechtsgrundsätzen *inhaltlich* übereinstimmt. Die Prüfung der materiellen Rechtmäßigkeit gliedert sich in

* die Subsumtion unter die Tatbestandsmerkmale der Ermächtigungsgrundlage und

* die Ermessens- einschließlich der Verhältnismäßigkeitsprüfung.

I. Tatbestandsvoraussetzungen der Ermächtigungsgrundlage

Zunächst ist die einschlägige Rechtsgrundlage zu subsumieren. Hier kommt es darauf an, dass die Tatbestandsvoraussetzungen der betreffenden Ermächtigungsgrundlage erfüllt und die von der Behörde gesetzte Rechtsfolge in der Norm vorgesehen ist.

1. Unbestimmter Rechtsbegriff

Bei der Prüfung der Tatbestandsvoraussetzungen einer Ermächtigungsgrundlage kommt den *unbestimmten Rechtsbegriffen* besondere Bedeutung zu. Hierbei handelt es sich um generalklauselartige Formulierungen im Gesetzestext, bei denen festzustellen ist, ob der konkrete Sachverhalt den Tatbestand der Norm erfüllt.

Beispiel 14: Begriff der „Unzuverlässigkeit" (z.B. des Gewerbetreibenden in § 35 GewO); der Begriff der „Gefahr für die Sicherheit und Ordnung" in der polizei- und ordnungsrechtlichen Generalklausel; die „öffentlichen und privaten Belange" (die bei der Bauleitplanung gegeneinander abzuwägen sind, § 1 VII BauGB); die „erheblichen" Nachteile und „erheblichen" Belästigungen (§ 5 I BImschG).

Unbestimmte Rechtsbegriffe erfordern eine *Wertung*, oftmals sogar eine *Prognose für die Zukunft*, was mangels Erkenntnissen oft nur schwer möglich ist. Ungeachtet seiner inhaltlichen Unschärfe gibt es für jeden unbestimmten Rechtsbegriff immer nur *genau eine richtige Auslegung*.

2. Beurteilungsspielraum

Problematisch ist, inwieweit die Gerichte die behördliche Anwendung unbestimmter Rechtsbegriffe kontrollieren dürfen. Hierbei geht es um die Frage, ob der Behörde bei der Beurteilung des Vorliegens der tatbestandlichen Voraussetzungen einer Norm ein *sog. Beurteilungsspielraum* zusteht, der gerichtlich nicht überprüft werden kann.

a) Grundsatz: Volle Überprüfbarkeit durch die Gerichte

Grundsätzlich ist davon auszugehen, dass ein behördlicher Beurteilungsspielraum *nicht anzuerkennen* ist, d.h., dass die Gerichte das tatbestandliche Vorliegen einer Norm voll nachprüfen können.

b) Ausnahmen

In bestimmten Ausnahmefällen gilt dieser Grundsatz jedoch nicht, so dass hier der Behörde ein Beurteilungsspielraum zusteht. Dies sind vor allem solche Fälle, in denen die Behörde Entscheidungen zu treffen hat, die so stark situationsgebunden sind, dass sie sich im gerichtlichen Verfahren nicht oder nur schwer rekonstruieren und nachvollziehen lassen. Ein solcher Beurteilungsspielraum ist in folgenden Fällen anerkannt:

- **Prüfungs- und prüfungsähnliche Entscheidungen**

Bei Prüfungs- und prüfungsähnlichen Entscheidungen liegt die Besonderheit darin, dass die Entscheidung aufgrund einer einmaligen, nicht wiederholbaren Situation ergangen ist. Ein Gericht kann nicht die höchstpersönliche Entscheidung des Prüfers ersetzen.

Beispiel 15: Abitur, Zeugnis- und Versetzungsentscheidungen in der Schule, juristische und medizinische Staatsprüfung, Entscheidung über das Bestehen einer Fahrprüfung.

Das BVerfG hat demgegenüber engere Grenzen gezogen. Zwar sind Prüfungsentscheidungen grundsätzlich nicht voll überprüfbar. Das Gericht kann jedoch zumindest überprüfen, ob

- die maßgeblichen Verfahrensvorschriften eingehalten wurden. Verfahrensfehler sind aber nur insoweit bedeutsam, als sie sich auf das Ergebnis der Beurteilung auswirken konnten,
- Chancengleichheit der Prüfungskandidaten bestand (Art. 3 GG),
- die Beurteilung gegen allgemein anerkannte Bewertungsmaßstäbe verstößt,
- die Beurteilung von einem unzutreffenden Sachverhalt ausging,
- die Beurteilung auf sachfremden Erwägungen beruht.

Beispiel 16: Die Examens-Hausarbeit des Jurastudenten J wurde von Prüfer P mit „mangelhaft" bewertet. Begründung: Die von J zu einer Streitfrage vertretene Ansicht sei so nicht vertretbar. J weist nun vor Gericht nach, dass der BGH in einem Urteil ebenfalls der von ihm vertretenen Ansicht gefolgt ist. - Hier liegt ein Beurteilungsfehler des P vor, der gerichtlich voll nachprüfbar ist.

Beispiel 17: Die mündliche Staatsprüfung des Jurastudenten J wird mit „mangelhaft" bewertet. J klagt vor Gericht und trägt vor, dass seine Antworten mindestens für ein „ausreichend" gereicht hätten. – Die Prüfer haben hier einen Beurteilungsspielraum, der durch die Gerichte nicht nachgeprüft werden kann. Die Klage des J wäre erst dann erfolgreich, wenn J z.B. nachweist, dass der Grundsatz der Chancengleichheit verletzt wurde.

Beispiel 18: Der 18-jährige Fahrschüler (F) absolviert zum zweiten Mal seine praktische Fahrprüfung. Beim ersten Prüfungsversuch hatte Prüfer P ihm wegen verschiedener Fahrfehler die Befähigung zum Führen eines Kraftfahrzeugs abgesprochen und geäußert, dass P niemals den Führerschein erhalten werde. Auch zum zweiten Prüfungsversuch erscheint erneut P als Prüfer. F befürchtet, dass P ihm gegenüber aufgrund der ersten Prüfung voreingenommen sein könne; um P zu beeindrucken, erzählt er diesem vor der Prüfung, dass er zu seinem 18. Geburtstag von seinen Eltern ein 190 PS-starkes Cabrio geschenkt bekommen habe und es kaum abwarten könne, sich endlich selbst hinter das Steuer zu setzen.

F geht nach der Fahrprüfung davon aus, dass es dieses Mal auf jeden Fall geklappt hat. P sieht dies ganz anders und verweigert F die Aushändigung des Führerscheins mit der Begründung, dass er F nicht für „befähigt" halte: bereits bei der ersten Fahrprüfung sei klar gewesen, dass er nicht in der Lage sei, ein Fahrzeug zu steuern. Es sei unverantwortlich von seinen Eltern, ihm als Fahranfänger einen solchen „Rennwagen" zu schenken; er könne den übrigen Verkehrsteilnehmern nicht zumuten, dass F mit diesem Wagen unterwegs sei. Seine Fahrleistung in der Prüfung sei im übrigen ungenügend gewesen.

F ist entsetzt über die Entscheidung des Prüfers. Er wendet sich an einen Rechtsanwalt und erklärt, dass er bei P bereits von Anfang an aufgrund der ersten Fahrprüfung keine Chance gehabt habe. Er sei in der zweiten Prüfung gänzlich fehlerfrei gefahren; P habe überhaupt nicht sachlich begründet, weswegen er nicht bestanden habe. Schließlich habe P kein Recht dazu, darüber zu entscheiden, welches Auto er später steuere. Der Rechtsanwalt des F will die Entscheidung des P notfalls gerichtlich überprüfen lassen. Kann das Gericht die Prüfungsentscheidung des P überprüfen?

Lösung: Bei der „Befähigung" handelt es ich um einen unbestimmten Rechtsbegriff. Bei der Rechtmäßigkeitskontrolle der Entscheidung des Prüfers hat das Gericht zu berücksichtigen, dass P sich bei dieser von sachfremden Erwägungen hat leiten lassen. Dass F es für unzweckmäßig hielt, dass ein 18-Jähriger ein 190 PS-starkes Auto fährt, durfte er seiner Entscheidung nicht zugrunde legen. Das Verwaltungsgericht hat ferner zu prüfen, ob das Verfahren ordnungsgemäß durchgeführt wurde. P war bereits im ersten Prüfungsversuch als Prüfer des F aufgetreten und hatte hier geäußert, dass F niemals den Führerschein erhalten werde. Damit liegt ein Grund vor, der geeignet ist, Misstrauen gegen eine unparteiliche Entscheidung des P zu rechtfertigen (§ 21 VwVfG). Es bestand somit die Besorgnis der Befangenheit. Schließlich beruht die Entscheidung des P nicht auf einer nachvollziehbaren Begründung, vielmehr hat P die Fahrleistung des F lediglich pauschal für ungenügend erklärt. Das Gericht kann also die Prüfungsentscheidung des P überprüfen.

- **Beamtenrechtliche Beurteilungen**

Auch bei beamtenrechtlichen Beurteilungen ist dem Dienstherrn ein gerichtlich nicht nachprüfbarer Beurteilungsspielraum eingeräumt.

Beispiel 19: Der Beamte B wird von seinem Vorgesetzten V beurteilt. Diese Beurteilung ist grundsätzlich nicht gerichtlich nachprüfbar, d.h. B kann dagegen nicht gerichtlich vorgehen.

Ein solcher Beurteilungsspielraum ist deswegen geboten, weil es sich bei der Beurteilung der dienstlichen Leistungen eines Beamten um eine *subjektive Wertung* handelt. Ähnlich wie bei einer Prüfungsentscheidung kann es keine allein richtige Entscheidung geben. Hinzu kommt, dass die Beurteilung regelmäßig eine mehrjährige Dienstleistung umfasst, die sich nachträglich nur schwer rekonstruieren lässt.

- **Prognoseentscheidungen**

Ein Beurteilungsspielraum steht der Behörde auch bei Prognoseentscheidungen z.B. politischer, wirtschaftlicher oder wissenschaftlicher Art zu. Voraussetzung ist, dass das Gesetz die Prognose bzw. die behördliche Bewertung als maßgeblich erachtet.

Beispiel 20: Rückkehrprognose bei der Entscheidung über die Gewährung von Strafgefangenenurlaub.

- ### Pluralistisch zusammengesetzte Ausschüsse

Der Beurteilungsspielraum wird schließlich bei Wertungsentscheidungen durch weisungsfreie Ausschüsse anerkannt, die mit Sachverständigen und/oder Interessenvertretern besetzt sind. Die Entscheidung ist hier allein dem Gremium vorbehalten.

Beispiel 21: Entscheidung der Bundesprüfstelle wegen der Indizierung jugendgefährdender Schriften, z.B. ob Schriften nach dem *Jugendschutzgesetz* geeignet sind, jugendgefährdend zu wirken.

II. Die Verhältnismäßigkeit

Der Verhältnismäßigkeitsgrundsatz wird in drei Schritten geprüft: Es sind die *Geeignetheit, die Erforderlichkeit und die Angemessenheit eines Mittels im Hinblick auf einen Zweck* zu prüfen. Dies setzt zwingend voraus, dass vorab Mittel und Zweck genau benannt werden: „Zweck der Maßnahme ist…". „Als Mittel dient….".

1. Geeignetheit

Die Maßnahme ist nur geeignet, wenn mit ihr der erstrebte Zweck überhaupt erreicht werden kann. Das Mittel muss nicht das am besten geeignete sein; es genügt ein Beitrag zur Zweckerreichung.

Merksatz: Geeignet ist das Mittel, wenn mit ihm der angestrebte Zweck erreicht werden kann.

---

2. Erforderlichkeit

Ferner muss die Maßnahme erforderlich sein, d.h. die Behörde muss das für den Adressaten und die Allgemeinheit *mildeste* Mittel einsetzen, um den angestrebten Zweck zu erreichen.

Merksatz: Erforderlich ist das Mittel, wenn es kein gleich geeignetes, milderes Mittel gibt.

Beispiel 22: D betreibt eine Diskothek in einem alten Fabrikgebäude. Auf die Beschwerden vieler Nachbarn hin, die durch die Musik gestört werden, fordert die zuständige Ordnungsbehörde den D erfolglos zur Stellungnahme auf. Daraufhin untersagt die Ordnungsbehörde dem D das weitere Betreiben der Diskothek. Ist die Maßnahme verhältnismäßig?

Lösung: Der Grundsatz der Verhältnismäßigkeit ist gewahrt, wenn die Maßnahme der Behörde geeignet, erforderlich und angemessen ist, um das erstrebte Ziel zu erreichen.

1. *Zweck* der Maßnahme ist das Unterbinden der Lärmbelästigung.

2. Als *Mittel* dient das Verbot, die Diskothek weiter zu betreiben.

3. Durch das Verbot kann erreicht werden, dass von der Diskothek kein Lärm mehr ausgeht. Somit ist das Mittel auch *geeignet*.

4. Das Verbot müsste ferner *erforderlich*, d.h. das relativ mildeste Mittel sein. Hier hätte die Behörde dem D zunächst aufgeben können, die Lärmbelästigung durch den Einbau von Schallschutzmaterial einzudämmen. Um den angestrebten Zweck - die Beseitigung der Lärmbelästigung - zu erreichen, hätte also ein milderes Mittel von der Behörde eingesetzt werden müssen. Die Maßnahme ist daher nicht erforderlich. Demnach ist der Verhältnismäßigkeitsgrundsatz nicht gewahrt.

3. Angemessenheit

Das Mittel darf nicht zu einem Nachteil führen, der zu dem erstrebten Zweck außer Verhältnis steht (sog. Mittel-Zweck-Relation; Abwägung der betroffenen Rechtsgüter). Anders ausgedrückt: Die Verwaltung darf nicht mit Kanonen auf Spatzen schießen!

> **Merksatz:** Der von der Verwaltung bezweckte Vorteil darf nicht außer Verhältnis zu den beim Bürger eintretenden Nachteilen stehen.

Unangemessen in diesem Sinne ist eine Maßnahme, wenn die mit ihr bezweckten Vorteile nicht deutlich die mit ihr verbundenen Nachteile überwiegen. Für die Abgrenzung gilt die „Je-desto-Formel": Je größer die zu bekämpfenden Gefahren sind, desto stärkere Nachteile müssen vom Bürger in Kauf genommen werden. Bei der Abwägung ist stets

- der Rang des geförderten und des beeinträchtigten Rechtsguts sowie
- die Intensität der Beeinträchtigung zu berücksichtigen.

Beispiel 23: Polizist P verbietet dem X den Zugang zur A-Strasse, damit die Feuerwehr dort ungestört die Bewohner eines brennenden Hauses evakuieren kann. Ist das Verbot des P verhältnismäßig?

Lösung: Der Grundsatz der Verhältnismäßigkeit ist gewahrt, wenn das Verbot geeignet, erforderlich und angemessen ist, um das erstrebte Ziel zu erreichen.

1. *Zweck* der Maßnahme ist, die ungestörte Evakuierung zu gewährleisten.

2. Als *Mittel* dient das Verbot, die A-Strasse zu betreten.

3. Durch das Verbot kann erreicht werden, dass der X die A-Strasse nicht betritt. Somit ist das Mittel auch *geeignet*.

4. Das Verbot müsste ferner *erforderlich*, d.h. das relativ mildeste Mittel sein. Ein milderes Mittel, das den Erfolg in gleicher Weise erreichen kann, ist hier nicht ersichtlich.

5. Das Verbot müsste ferner *angemessen* sein, d.h. die durch das Verbot bei X eintretenden Nachteile dürfen nicht außer Verhältnis zu dem bezweckten Vorteil stehen.
a) Nachteilig ist für X, dass er die A-Strasse nicht frei betreten kann.
b) Dem steht das Interesse der in Lebensgefahr befindlichen Bewohner gegenüber, von der Feuerwehr sicher gerettet zu werden. Sowohl der Rang dieses Rechtsguts (Leben) als auch die Intensität der Bedrohung durch den Brand überwiegen das Interesse des X an ungestörter Fortbewegung. Demnach ist das Verbot des P angemessen und damit verhältnismäßig.

Schema: Die Verhältnismäßigkeit

Die Maßnahme müsste **verhältnismäßig** sein.

a) Zweck der Maßnahme ist...

b) Als **Mittel** dient....

c) Geeignet ist das Mittel, wenn mit seiner Hilfe das Ziel erreicht werden kann.

d) Erforderlich ist das Mittel, wenn es kein gleich geeignetes, milderes Mittel gibt.
    aa) Gibt es ein *anderes Mittel*?
    bb) Ist dieses *in gleicher Weise geeignet*, den Zweck zu erreichen?
    cc) Ist es auch ein *milderes* = weniger belastenderes Mittel?

e) Die **Angemessenheit (Verhältnismäßigkeit i.e.S.)** ist zu verneinen, wenn der von der Verwaltung bezweckte Vorteil außer Verhältnis zu dem beim Bürger eintretenden Nachteil steht.

aa) Welcher **Nachteil** entsteht dem Bürger?
- Welche Rechtsgüter sind betroffen? Handelt es sich um ein besonders bedeutsames oder eher um ein weniger bedeutsames Rechtsgut (= Rang des beeinträchtigten Rechtsguts)?
- Handelt es sich um einen schweren oder um einen weniger schwerwiegenden Eingriff in sein Rechtsgut (= Intensität)?

bb) Welchen **Vorteil** will die Verwaltung erreichen?
- Welche Rechtsgüter sollen geschützt bzw. gefördert werden? Handelt es sich um ein besonders bedeutsames oder eher um ein weniger bedeutsames Rechtsgut (Rang des geschützten bzw. geförderten Rechtsguts)?
- Kann der Schutz des Rechtsguts aufgrund gebotener Eile oder drohender Gefahr nur mit einer besonders einschneidenden Maßnahme erreicht werden?

III. Ermessen

Liegen die Voraussetzungen der Rechtsnorm vor, so kann die Behörde *verpflichtet* sein, sich in einer bestimmten Weise zu verhalten. Man spricht hier von *rechtlich gebundener Verwaltung.* Die Verpflichtung der Behörde, eine bestimmte Rechtsfolge zu setzen, ist an Ausdrücken wie „muss", „ist zu", „hat zu", zu erkennen.

Beispiel 24: A verunglückt bei einem Autounfall tödlich und hinterlässt seine Ehefrau E mit drei minderjährigen Kindern. Da A und E keinerlei Vermögen besitzen und E wegen der Kinderbetreuung keine Erwerbstätigkeit ausüben kann, sieht sie keinen anderen Ausweg, als bei der zuständigen Behörde laufende Hilfe zum Lebensunterhalt zu beantragen. Wie wird die Behörde entscheiden?

Lösung: Gemäß § 19 I SGB XII **ist** Hilfe zum Lebensunterhalt dem zu gewähren, der seinen notwendigen Lebensunterhalt nicht oder nicht aus eigenen Kräften und Mitteln, vor allem aus seinem eigenen Einkommen und Vermögen, bestreiten kann. E ist außerstande, ihren Lebensunterhalt selbst sicherzustellen, so dass die tatbestandlichen Voraussetzungen des § 19 I SGB XII erfüllt sind. Da es sich um eine *gebundene Entscheidung* handelt, ist der Träger der Sozialhilfe unbedingt zum Handeln verpflichtet, **muss** also E und ihren Kindern laufende Hilfe zum Lebensunterhalt bewilligen.

In anderen Fällen ist der Behörde ein *Ermessensspielraum* eingeräumt. Ermessen liegt vor, wenn das Gesetz bei einem Tatbestand nicht eine bestimmte Rechtsfolge bestimmt, sondern der Verwaltung einen Handlungsspielraum einräumt.

Die Behörde ist dann befugt, ihr Verhalten nach eigenen *Zweckmäßigkeitserwägungen* auszurichten. Der Ermessensspielraum kommt durch Formulierungen wie „kann", „darf", „ist befugt" oder „hat die Wahl" zum Ausdruck. Ermessen hat die Behörde auch, wenn ihr das Gesetz mehrere Handlungsmöglichkeiten zur Verfügung stellt. Manchmal erfolgt die Ermessenseinräumung durch ausdrückliche Erwähnung des Wortes „Ermessen".

Beispiel 25: Nach § 15 III VersG *kann* eine nicht angemeldete Versammlung aufgelöst werden. Die Behörde ist dazu berechtigt, aber nicht verpflichtet; sie hat die Wahl zwischen den beiden Möglichkeiten „Auflösung" oder „Nichtauflösung".

Beispiel 26: Nach §§ 1, 3 PolG **BaWü**; Art. 11 I PAG **Bay**; § 17 I ASOG **Berl**; § 10 I PolG **Brbg** bzw. § 13 I OBG **Brbg**; § 10 I PolG **Brem**; § 3 I SOG **HH**; § 11 SOG **Hess**; § 13 SOG **MV**; § 11 SOG **Nds**; § 8 I PolG **NW** bzw. § 14 I OBG **NW**; § 9 I POG **RhPf**; § 8 I PolG **Saarl**; § 12 I PBG bzw. PVDG **Sachs**; § 13 SOG **SA**; § 174 LVwG **SH**; § 12 I PAG **Thür** bzw. § 5 I OBG **Thür** *kann* die Ordnungsbehörde bzw. Polizei bei einer Gefahr für die öffentliche Sicherheit und Ordnung eingreifen, d.h. sie hat „die nach pflichtgemäßem Ermessen notwendigen Maßnahmen zu treffen". Die Ordnungsbehörde hat zu entscheiden, ob sie einschreiten will, und wenn ja, welche Maßnahmen sie ergreifen will.

Das Ermessen ist vom unbestimmten Rechtsbegriff (s. o.) zu unterscheiden. Während unbestimmte Rechtsbegriffe sich regelmäßig auf der Tatbestandsseite der Norm befinden, bezieht sich das Ermessen *stets auf die Rechtsfolgenseite* der Norm. Ermessenserwägungen sind daher nur möglich, wenn die tatbestandlichen Voraussetzungen einer Norm erfüllt sind.

1. Arten des Ermessens

Als Arten des Ermessens sind zu unterscheiden:

- **Das Entschließungsermessen** betrifft die Frage, *ob* die Behörde überhaupt tätig wird.

  Beispiel 27: § 16 III HandwO, §§ 48, 49 VwVfG.

- **Das Auswahlermessen** betrifft die Wahl des richtigen Mittels und des richtigen Verantwortlichen.

  Beispiel 28: Auswahlermessen bezüglich des Adressaten im Polizei- und Ordnungsrecht: Der *Verhaltensstörer oder* der *Zustandsstörer oder nicht verantwortliche Personen* können in Anspruch genommen werden.

Die mögliche Inanspruchnahme eines *Nichtstörers* ermöglicht § 9 PolG **BaWü**; Art. 10 PAG **Bay**; § 16 ASOG **Berl**; § 18 OBG **Brbg**; § 7 PolG **Brem**; § 10 SOG **HH**; § 9 SOG **Hess**; § 71 SOG **MV**; § 8 SOG **Nds**; § 19 OBG und § 6 PolG **NW**; § 7 POG **RhPf**; § 6 PolG **Saarl**; § 17 PBG bzw. § 9 PVDG **Sachs**; § 10 SOG **SA**; § 220 LVwG **SH**; § 10 PAG bzw. § 13 OBG **Thür.**

Die mögliche Inanspruchnahme eines *Verhaltensstörers* ermöglicht § 6 PolG **BaWü**; Art. 7 PAG **Bay**; § 13 ASOG **Berl**; § 5 PolG **Brbg**; § 5 PolG **Brem**; § 8 SOG **HH**; § 6 SOG **Hess**; § 69 SOG **MV**; § 6 SOG **Nds**; § 4 PolG und § 17 OBG **NW**; § 4 POG **RhPf**; § 4 PolG **Saarl**; § 14 PBG bzw. § 6 PVDG **Sachs**; § 7 SOG **SA**; § 218 LVwG **SH**; § 7 I PAG bzw. § 10 OBG **Thür.**

Entschließungs- und Auswahlermessen können auch in einer Norm vorkommen.

Beispiel 29: § 5 GastG räumt der Behörde ein Ermessen ein, ob dem Gastwirt Auflagen im Hinblick auf das Ausmaß oder die Häufigkeit bestimmter, von seiner Gaststätte ausgehender Störungen erteilt werden sollen. Entschließt sich die Behörde hierzu, lässt die Vorschrift der Behörde die Wahl, welche Auflage bzw. Auflagen sie erteilt.

2. Prozessuale Bedeutung des Ermessens: Überprüfbarkeit von Ermessensentscheidungen

Gemäß § 114 S.1 VwGO prüft das Gericht die Ermessensentscheidungen nur dahingehend, ob die Behörde *ermessensfehlerhaft* gehandelt hat. Ein Ermessensfehler in diesem Sinne liegt nur vor, wenn die Behörde die rechtlichen Bindungen nicht beachtet. Das Gericht darf hingegen keine eigenen Zweckmäßigkeitserwägungen an die Stelle der Entscheidung der Behörde stellen.

Klausurtipp: In Klausuren wird die Überprüfbarkeit von Ermessensentscheidungen häufig mit der eingeschränkten Überprüfbarkeit beim Bestehen eines Beurteilungsspielraumes verwechselt. Daher sollte man daran denken:

-> Unbestimmte Rechtsbegriffe =>Tatbestandsseite der Norm
-> Ermessen => Rechtsfolgenseite der Norm

---

3. Die verschiedenen Ermessensfehler

Es existieren folgende Arten von Ermessensfehlern, die gerichtlich angreifbar sind:

* Ermessensnichtgebrauch
* Ermessensfehlgebrauch
* Ermessensüberschreitung.

a) Ermessensnichtgebrauch

Aus § 40 VwVfG (lesen!) ergibt sich, dass die Behörde ihr Ermessen auszuüben *hat*. Das Recht zur Ermessensausübung beinhaltet also *die Pflicht zur Ermessensbetätigung*. Ein *Nichtgebrauch des Ermessens* liegt vor, wenn die Behörde überhaupt keine Ermessenserwägungen anstellt, weil sie irrtümlich oder bewusst davon ausgeht, dass es sich um einen gebundene Entscheidung handele. Die getroffene Entscheidung verstößt dann gegen § 40 VwVfG und ist rechtswidrig.

Beispiel 30: Die E ist begeisterte Tierschützerin und will den Erhalt von Tauben sichern. Sie streut daher auf ihrer Dachterrasse regelmäßig Futter, so dass mit der Zeit eine Taubenschwemme angezogen wird. Mehre Nachbarn beschweren sich bei der zuständigen Ordnungsbehörde über das Verhalten der E. Sie begründen ihre Beschwerde damit, dass von Tauben bekanntermaßen Seuchen ausgehen. Man könne dies nicht hinnehmen, da vor allem viele Kinder in der Nachbarschaft wohnten. Die Ordnungsbehörde teilt den Nachbarn mit, dass sie nichts unternehmen könne. Es sei Sache der Nachbarn, dieses Problem mit der E zu klären; sie als Ordnungsbehörde könne in diesem Fall nichts veranlassen. Die Nachbarn sind hierüber empört. Hat die Ordnungsbehörde rechtmäßig gehandelt? Hinweis: Bei der Lösung ist davon auszugehen, dass die tatbestandlichen Voraussetzungen der Ermächtigungsgrundlage erfüllt sind.

Lösung: Ein Befugnis der zuständigen Behörde, gegen das Verhalten der E einzuschreiten, ergibt sich aus §§ 1, 3 PolG **BaWü**; Art. 11 I PAG **Bay**; § 17 I ASOG **Berl**; § 10 I PolG **Brbg** bzw. § 13 I OBG **Brbg**; § 10 I PolG **Brem**; § 3 I SOG **HH**; § 11 SOG **Hess**; § 13 SOG **MV**; § 11 SOG **Nds**; § 14 I OBG **NW**; § 9 I POG **RhPf**; § 8 I PolG **Saarl**; § 12 I PBG bzw. PVDG **Sachs**; § 13 SOG **SA**; § 174 LVwG **SH**; § 12 I PAG **Thür** bzw. § 5 I OBG **Thür** (lesen!).

Danach *können* die Ordnungsbehörden die notwendigen Maßnahmen treffen, um eine Gefahr für die öffentliche Sicherheit und Ordnung abzuwehren. Der Ordnungsbehörde war somit bei ihrer Entscheidung ein Ermessensspielraum eingeräumt. Zunächst hatte die Behörde nach pflichtgemäßem Ermessen darüber zu entscheiden, *ob* sie überhaupt gegen E vorgehen muss *(= Entschließungsermessen)*. Die Ordnungsbehörde ging hier irrigerweise davon aus, nicht handeln zu müssen, so dass faktisch eine gebundene Entscheidung erging. Die einschlägige Ermächtigungsgrundlage sieht hingegen ausdrücklich eine einzelfallbezogene Ermessensentscheidung vor. Es liegt somit ein Ermessensnichtgebrauch vor. Die Entscheidung der Ordnungsbehörde verstößt gegen § 40 VwVfG und ist rechtswidrig.

b) Ermessensfehlgebrauch

Ermessensfehlgebrauch liegt vor, wenn sich die Behörde bei der Ermessensausübung nicht ausschließlich vom Zweck der gesetzlichen Ermessensvorschrift leiten lässt. Das ist der Fall, wenn

- die Behörde sich von sachfremden Erwägungen leiten lässt

Beispiel 31: Der Beamte B entzieht dem Kollegen A den Pass nach § 8 PassG. B will sich auf diese Weise rächen, weil A vor einiger Zeit befördert worden war, B hingegen nicht. Ist die Entscheidung des B rechtmäßig?

Lösung: Nach § 8 PassG *kann* dem Inhaber ein Pass entzogen werden, wenn Tatsachen bekannt werden, die nach § 7 I PassG die Passversagung rechtfertigen würden. B hatte seine Entscheidung somit nach pflichtgemäßem Ermessen zu treffen. Die Beförderung des A ist keine Tatsache nach § 7 I PassG, sondern eine sachfremde Erwägung zu der B sich aus persönlichen Gründen leiten ließ. Dies entspricht nicht dem Zweck der Ermächtigungsgrundlage. Es liegt ein rechtswidriger Ermessensfehlgebrauch vor.

- die Behörde bei der Ermessensausübung von einem unzutreffenden Sachverhalt ausgeht.

Beispiel 32: Der Beamte B entzieht dem X gem. § 8 i. V. m. § 7 I Nr. 5 PassG den Pass, da zu befürchten sei, dass X sich seinen Unterhaltspflichten gegenüber seiner getrennt lebenden Ehefrau und seinen drei minderjährigen Kindern entziehen wolle. B hat bei seiner Entscheidung allerdings nicht berücksichtigt, dass X eine Mietwohnung besitzt und die Mieter angewiesen hat, die Miete in Zukunft laufend auf das Konto seiner Ehefrau zu überweisen. Ist die Entscheidung des B rechtmäßig?

Lösung: B hat bei seiner Entscheidung nicht berücksichtigt, dass der getrennt lebenden Ehefrau die monatlichen Mieteinnahmen des X zufließen und damit einen wesentlichen Gesichtspunkt außer Acht gelassen. Dieser wäre nach dem Zweck der Vorschrift für die Entscheidung wesentlich gewesen, so dass ein Ermessensfehlgebrauch vorliegt und die Entscheidung rechtswidrig ist.

c) Ermessensüberschreitung

Der dritte in § 40 VwVfG niedergelegte Ermessensfehler ist die sog. *Ermessensüberschreitung.* Diese ist gegeben, wenn die Behörde eine nicht mehr im Rahmen ihres Ermessens liegende Rechtsfolge anordnet. Gesetzliche Grenzen des Ermessens ergeben sich oft schon aus der Ermächtigungsgrundlage selbst.

Beispiel 33: Die Behörde verlangt eine Gebühr von 50,00 Euro, obwohl nach der einschlägigen Gebührenordnung nur eine Gebühr von 20,00 bis 40,00 Euro erhoben werden kann.

4. Folge von Ermessensfehlern

Der VA ist bei Vorliegen eines Ermessensfehlers in der Regel rechtswidrig und damit aufhebbar. In schweren Fällen (z.B. bei offensichtlicher Willkür) ist der VA gemäß § 44 VwVfG nichtig.

5. Ermessensreduzierung auf Null

Im Einzelfall kann sich das Ermessen der Behörde auf nur eine Alternative reduzieren. Das ist der Fall, wenn nur noch eine Entscheidung „ermessensfehlerfrei" ist, alle anderen „ermessensfehlerhaft" wären. Die Behörde ist dann verpflichtet, diese eine verbleibende Möglichkeit zu wählen. Ihr Ermessen ist auf Null reduziert.

Beispiel 34: Bei einer Geiselnahme, bei der der Einsatz einer Bombe angedroht wird, ist die Polizei zum Einschreiten verpflichtet, da das bedrohte Rechtsgut der Opfer (Leib und Leben) von besonders hohem Rang ist und zugleich die Gefahr besonders groß ist. Die Polizei hat daher nicht die Wahl, *ob* sie einschreitet, d.h. das *Entschließungsermessen* ist auf Null reduziert. Hinsichtlich der konkreten Mittel steht ihr weiterhin ein *Auswahlermessen* zu.

Die Ermessensausübung kann auch durch die Grundrechte reduziert sein. In der Klausur kann insbesondere die *Selbstbindung der Verwaltung* von Bedeutung sein. Die Verwaltung ist nach dem Gleichheitssatz (Art. 3 I GG) zu gleichmäßiger Ermessensbetätigung verpflichtet. Wenn die Behörde ihr Ermessen durch eine längere, gleichmäßige Verwaltungsübung oder durch Verwaltungsvorschriften in einer Mehrzahl von Fällen in einer bestimmten Weise ausgeübt hat, muss sie bei einem weiteren Fall genauso entscheiden, es sei denn, sie kann einen sachlichen Grund für die Abweichung geltend machen. Ist dies nicht der Fall, so wird ihr Ermessen durch Art. 3 I GG *auf Null reduziert*. Voraussetzung ist allerdings, dass die bisherige Verwaltungspraxis rechtmäßig war.

Beispiel 35: In der Gemeinde G geht der Wahlkampf vier Wochen vor der Kommunalwahl in die entscheidende Phase. Der A-, B- und C-Partei wird jeweils eine straßenrechtliche Sondernutzungserlaubnis erteilt, die es gestattet, Plakatträger aufzustellen, die zum Teil in den Luftraum über den Straßen hineinragen. Auch die D-Partei möchte noch einige druckfrische Wahlplakate anbringen und beantragt eine entsprechende Sondernutzungserlaubnis. Diese wird ihr jedoch - ohne einen sachlichen Grund – nicht erteilt. Die D-Partei ist empört über die Entscheidung der Behörde und sieht sich gegenüber den anderen Parteien in ihrem Grundrecht aus Art. 3 I GG verletzt. Hat die Behörde richtig entschieden?

Lösung: Durch das Aufstellen von Plakaten kommt es regelmäßig zu einer nicht unerheblichen Beeinträchtigung des Verkehrs, so dass hierfür eine *Sondernutzungserlaubnis* erforderlich ist. Diese steht grundsätzlich im Ermessen der Behörde. Allerdings reduziert sich das Ermessen wegen Art. 21 I S. 1 GG und § 1 Abs. 1 und 2 PartG, wenn es sich um Anträge politischer Parteien handelt. In Wahlkampfzeiten ist das Ermessen der zuständigen Behörde sogar auf Null reduziert. Daher wurde der A-, B- und C-Partei die Sondernutzungserlaubnis zu Recht erteilt und hätte mithin auch der D-Partei erteilt werden müssen.

Hinzu kommt, dass die Behörde sich durch die Erteilung der Erlaubnis gegenüber der A-, B- und C-Partei selbst in ihrer Ermessensentscheidung gebunden hat. Da kein sachlicher Grund für eine Abweichung vorlag, hätte sie daher auch unter Berücksichtigung des Gleichheitssatzes (Art. 3 I GG) der D-Partei die Sondernutzungserlaubnis erteilen müssen. Die Entscheidung gegenüber der D-Partei ist also rechtswidrig.

Schema: Ermessen

Begriff: Entscheidungsspielraum auf der *Rechtsfolgenseite der Norm* ⇔ Unbestimmter Rechtsbegriff (= *Tatbestandsseite der Norm)*

Arten des Ermessens

- **Entschließungsermessen:** Handlungsspielraum, ob die Behörde eine Maßnahme trifft oder nicht
- **Auswahlermessen:** Handlungsspielraum, welche von verschiedenen Maßnahmen die Behörde ergreifen will

Arten der Ermessensfehler

- **Ermessensnichtgebrauch:** Die Behörde trifft überhaupt keine Ermessensentscheidung, sondern geht irrtümlich oder bewusst von nur einer richtigen Entscheidungsmöglichkeit aus.
- **Ermessensfehlgebrauch:** Das Ermessen wird nicht im Sinne des Gesetzes gebraucht.
- **Ermessensüberschreitung:** Das Gesetz legt einen Rahmen für die Rechtsfolge fest und die Behörde beachtet diesen nicht bzw. überschreitet ihn.

Prüfungsumfang der Gerichte (§ 114 VwGO)
• Nur Rechtmäßigkeits-, keine Zweckmäßigkeitskontrolle.
• Das Gericht darf *kein eigenes Ermessen* ausüben, sondern nur auf die o.g. Ermessensfehler hin überprüfen.

Ermessensreduzierung auf Null
• Das Ermessen der Behörde ist auf nur eine Alternative reduziert und die Behörde ist verpflichtet, diese eine Möglichkeit zu wählen.
• Die Ermessensreduzierung auf Null tritt typischerweise auf, wenn eine Gefahr für Leib oder Leben besteht oder wenn ein Fall der Selbstbindung der Verwaltung i.V.m. Art. 3 I GG gegeben ist.

IV. Das Bestimmtheitsgebot (§ 37 I VwVfG)

Schließlich muss der VA hinreichend *bestimmt* sein (§ 37 I VwVfG). Das bedeutet, dass er so klar formuliert ist, dass aus der getroffenen Entscheidung der Sinn und der Inhalt vollständig und klar erkennbar ist, so dass der Adressat sich entsprechend verhalten kann. Insbesondere muss für den Adressaten deutlich sein, was von ihm gefordert wird.

Beispiel 36: Landwirt L hat ein Herz für Katzen und Hunde. Im Laufe der Zeit hat er auf seinem Bauernhof mehrere Hunde aus dem Tierheim untergebracht, außerdem hält er inzwischen zehn Katzen, die nach und nach bei ihm abgegeben wurden. Da L mit der Bewirtschaftung seines Bauernhofes überfordert ist, bleibt keine Zeit, sich um die immer weiter zunehmende Anzahl von Tieren zu kümmern.

Nachbarn beobachten, dass diese von L offensichtlich nicht ausreichend gefüttert werden, da sämtliche Tiere völlig abgemagert sind. Um das Leben der Tiere nicht zu gefährden, benachrichtigt eine Nachbarin die zuständige Ordnungsbehörde. Darauf hin ergeht unverzüglich ein schriftlicher Bescheid, in welchem L aufgegeben wird, künftig „eine normale Anzahl von Haustieren zu halten und diese ordentlich zu ernähren". Ist der Bescheid hinreichend bestimmt?

Lösung: Hinreichend bestimmt ist ein VA, wenn aus der getroffenen Entscheidung des VAs Sinn und Inhalt vollständig und klar erkennbar sind, so dass der Adressat sich entsprechend verhalten kann. Insbesondere muss für den Adressaten erkennbar sein, was von ihm gefordert wird. Laut Bescheid sollte L künftig eine „normale Anzahl von Haustieren halten und diese ordentlich ernähren". Für L war nicht erkennbar, was unter den Begriffen „normal" und „ordentlich" zu verstehen ist. Anhaltspunkte, wonach sich durch eine Auslegung des gesamten Inhalts des VAs der genaue Regelungsgehalt ermitteln ließe, fehlen. Damit fehlt es dem VA an der Bestimmtheit gemäß § 37 VwVfG, so dass dieser rechtswidrig ist.

Schema: Die Rechtmäßigkeit des VAs

A. Ermächtigungsgrundlage nennen!

B. Formelle Rechtmäßigkeit
I. Zuständigkeit
II. Verfahren, insbesondere §§ 20, 21, 28 VwVfG
III. Form
IV. Evtl. Heilung, § 45 VwVfG

C. Materielle Rechtmäßigkeit
I. Tatbestandsvorauss. der Ermächtigungsgrdl. prüfen!
II. Verhältnismäßigkeit
III. Keine Ermessensfehler beim Auswahl- oder Entschließungsermessen
 1) Ermessensnichtgebrauch
 2) Ermessensfehlgebrauch
 3) Ermessensüberschreitung
IV. Evtl. Ermessensreduzierung auf Null

▶ **Literatur zu dieser Lektion**
📖 Skript **Standardfälle Verwaltungsrecht AT**
📖 Skript **Basiswissen Verwaltungsrecht** (Frage-Antwort)
📖 Schnapp/ Henkenkötter, **JuS** 1998, 524; 624 (fehlerhafter VA)
📖 Schnapp, **JuS** 1999, 39 (Rechtsfolgen d. fehlerhaften VA)
📖 Ladeur/Prelle, **Jura** 2000, 138 (POR-Klausur)

Lektion 3: Rücknahme und Widerruf d. VA, § 48 ff. VwVfG

A. Die Aufhebung eines Verwaltungsakts

Nach § 43 II VwVfG bleibt ein – nicht nichtiger – VA wirksam, solange und soweit er nicht zurückgenommen, widerrufen, anderweitig aufgehoben oder auf andere Weise erledigt ist. Durch die *Aufhebung* (= Oberbegriff für die Beseitigung der Rechtswirksamkeit eines VAs) wird somit die Wirksamkeit eines VAs beendet. Die Aufhebung eines VAs kann zum einen durch eine verwaltungsgerichtliche Entscheidung im Wege der Anfechtungsklage (§§ 42 I, 113 I S. 1 VwGO; lesen!) und zum anderen durch eine Entscheidung der Behörde selbst durch Rücknahme und Widerruf (spezielle Rechtsgrundlagen oder §§ 48 ff. VwVfG) erfolgen.

Rücknahme und Widerruf sind selbst VAe. Dies ergibt sich aus der *actus-contrarius-Theorie*, wonach eine behördliche Maßnahme, durch die ein VA beseitigt wird, ebenfalls ein VA i. S. d. § 35 S. 1 VwVfG ist. Die behördliche Zuständigkeit zum Erlass dieser VAe ist allerdings in § 48 V und § 49 V VwVfG eigens geregelt.

Aufhebung eines Verwaltungsakts = Beendigung der Wirksamkeit durch	
• verwaltungsgerichtliche Entscheidung im Wege der Anfechtungsklage (§§ 42 I, 113 I S. 1 VwGO)	• Entscheidung der Behörde selbst durch Rücknahme und Widerruf (spezielle Rechts- grundlagen oder §§ 48 ff. VwVfG)

B. Rechtsgrundlagen

Die Rücknahme und der Widerruf von VAen sind Gegenstand einer Reihe von Spezialgesetzen. In der Klausur ist bei der Suche nach der einschlägigen Rechtsgrundlage daher zunächst zu prüfen, ob die §§ 48, 49 VwVfG nicht von *Spezialregelungen* in anderen Gesetzen verdrängt werden.

I. Spezialgesetzliche Regelungen

Folgende spezialgesetzlichen Regelungen kommen für die Rücknahme und den Widerruf in Betracht:

1. § 15 GastG

> **Seit dem Inkrafttreten der Föderalismusreform besteht keine Gesetzgebungskompetenz des Bundes mehr für das *Gaststättenrecht, Messen, Ausstellungen, Märkte und den Ladenschluss.* Die bisherigen Bundesvorschriften gelten aber so lange fort, wie sie nicht durch Landesrecht ersetzt worden sind, vgl. Art. 125a I GG.**

Dieses Skript erläutert ausschließlich das bisherige **Gesetz des Bundes**. Sie sollten daher prüfen, ob in Ihrem Bundesland zwischenzeitlich bereits ein Landes-Gaststättengesetz etc. erlassen wurde.

Nach § 15 I GastG (lesen!) ist die Erlaubnis zum Betrieb eines Gaststättengewerbes zwingend *zurückzunehmen*, wenn bekannt wird, dass bei ihrer Erteilung Versagungsgründe nach § 4 Abs. 1 Nr. 1 GastG vorgelegen haben. § 48 VwVfG wird durch diese Regelung verdrängt, allerdings verbleibt es für die übrigen Rücknahmegründe bei der Anwendung des § 48 VwVfG.

Eine Gaststättenerlaubnis kann gemäß § 15 II, III GastG *widerrufen* werden. Nach h.M. handelt es sich hierbei – im Gegensatz zu § 15 I GastG – um eine abschließende Regelung, durch die § 49 VwVfG vollständig verdrängt wird.

2. § 21 BImSchG

Eine weitere klausurrelevante Spezialregelung enthält § 21 BImSchG, wonach die Behörde die Möglichkeit hat, die erteilte Genehmigung zu *widerrufen*. § 21 BImSchG verdrängt § 49 VwVfG.

3. Weitere spezialgesetzliche Regelungen

Als weitere spezialgesetzliche Regelungen kommen v. a. in Betracht:

- § 12 BeamtStG (beamtenrechtliche Ernennungen)
- § 45 WaffG (waffenrechtliche Erlaubnisse)
- § 17 AtomG (atomrechtliche Genehmigungen)

Soweit diese Regelungen lückenhaft sind, findet auch hier ergänzend das VwVfG Anwendung.

II. Die §§ 48, 49 VwVfG

Findet sich keine spezialgesetzliche Regelung, kommen die §§ 48, 49 VwVfG zur Anwendung.

C. Rücknahme und Widerruf, §§ 48 ff. VwVfG

Zunächst einige allgemeine Ausführungen, die in der Klausur für die Thematik von Rücknahme und Widerruf von Bedeutung sind.

I. Abgrenzung

Der Begriff der *Rücknahme* (§ 48 VwVfG) bezieht sich auf den *rechtswidrigen*, der Begriff des *Widerrufs* (§ 49 VwVfG) auf einen *rechtmäßigen* VA. Rücknahme und Widerruf können sowohl *begünstigende* als auch *belastende* VAe erfassen. Innerhalb der Rücknahme- und Widerrufsvorschrift wird daher weiter danach unterschieden, ob es sich um einen begünstigenden oder einen belastenden VA handelt.

Es ergeben sich damit folgende Fallkonstellationen:

Aufhebung von Verwaltungsakten			
• *Rücknahme* rechts-widriger VAe, § 48 VwVfG		• *Widerruf* rechtmäßi-ger VAe, § 49 VwVfG	
Belastende VAe	Begünstigende VAe	Belastende VAe	Begünstigende VAe

1. Begünstigende VAe

Der *begünstigende* VA ist nach der Legaldefinition des § 48 I 2 VwVfG dadurch gekennzeichnet, dass er ein Recht oder einen rechtlich erheblichen Vorteil begründet oder bestätigt.

Beispiel 1: Beamtenernennung, Baugenehmigung, Gewerbeerlaubnis, Bewilligung einer Leistung (Subvention, Beihilfe, laufende Hilfe zum Lebensunterhalt etc.)

2. Belastende VAe

Belastend ist ein VA, falls er Pflichten begründet, Gebote oder Verbote auferlegt, Rechte aufhebt oder zum Nachteil bestätigt oder sonstige rechtlich erhebliche Nachteile begründet oder bestätigt.

Beispiel 2: Beamtenentlassung, Ablehnung einer Baugenehmigung bzw. der beantragten Subvention, Abrissverfügung.

3. VAe mit Mischwirkung

Ein VA kann für den Betroffenen begünstigend und belastend zugleich sein *(sog. VA mit Mischwirkung).*

Beispiel 3: Die beantragte Leistung (z.b. Wohngeld) wird nur zu 50% bewilligt. Die Bewilligung ist begünstigend, da eine Leistung gewährt wird, zugleich aber belastend, da sie auch eine Ablehnung i. H. v. 50 % enthält.

Wie in der Klausur in solchen Fällen zu verfahren ist, richtet sich danach, ob der VA *teilbar* ist:

- Liegt eine solche Teilbarkeit vor, kommt eine Teilaufhebung des VAs in Betracht. Die Rücknahme und der Widerruf für den *begünstigenden* Teil richten sich nach den Regeln für die Aufhebung begünstigender VAe.

Beispiel 4: Landwirt L erhält für seinen Betrieb eine Subvention über 10.000 €. Anschließend will die zuständige Behörde die Bewilligung i. H. v. 3.000 € rückgängig machen. Wie kann die Behörde vorgehen?

Lösung: Der Bewilligungsbescheid ist auf eine teilbare Geldleistung gerichtet. Da es sich um einen begünstigenden VA handelt, richtet sich die Aufhebung des VAs i. H. v. 3.000 € nach den für begünstigende VAe geltenden Regeln bzgl. Widerruf und Rücknahme.

- Belastende Teile des VAs können nur nach den hierfür geltenden Regeln aufgehoben werden.

Beispiel 5: Bauherr B hat ein Wohnhaus nebst Garage errichtet. Die zuständige Baubehörde gibt B durch Abrissverfügung zunächst auf, beide Gebäude abzureißen. Nach erneuter Prüfung will die Behörde die Abrissverfügung nunmehr ausschließlich auf die Garage beschränken. Wie hat die Behörde vorzugehen?

Lösung: Im Gegensatz zum vorausgehenden Beispiel liegt hier ein *belastender* VA zugrunde: B aufgegeben die von ihm errichteten Gebäude abzureißen. Auch hier ist der VA teilbar, da die Abrissverfügung sich ohne weiteres auf das eine oder andere Gebäude beschränken kann. Auf die Aufhebung des belastenden Teils (Abrissverfügung bezüglich des Wohnhauses) finden die hierfür geltenden Regeln Anwendung.

- Ist der VA *unteilbar*, ist er insgesamt nur nach den für begünstigende VAs geltenden Regeln aufhebbar.

II. Gegenstand der Rücknahme und des Widerrufs

Ist der VA rechtswidrig oder rechtmäßig?

Die Rücknahme des VAs (§ 48 VwVfG) setzt einen *rechtswidrigen*, der Widerruf (§ 49 VwVfG) hingegen einen *rechtmäßigen* VA voraus.

Für die Frage, ob es sich um einen rechtmäßigen oder einen rechtswidrigen VA handelt, ist der *Zeitpunkt* entscheidend, zu dem der VA *erlassen worden ist.* Ob der VA nachträglich in Widerspruch zum geltenden Recht gerät (durch Änderung der Sach- und Rechtslage) ist insoweit unerheblich. Allerdings sind zwei Sonderfälle zu beachten:

- Fallen die Voraussetzungen eines auf laufende Geldleistung gerichteten oder diesem zugrunde liegenden VAs *(sog. VA mit Dauerwirkung)* später weg, richtet sich die Aufhebung *für die Zeit vom Wegfall der Voraussetzungen an* nach § 48 VwVfG (Rücknahme eines insoweit rechtswidrig gewordenen VAs).

Beispiel 6: Landwirt L erhält für seinen landwirtschaftlichen Betrieb seit dem 01.01. eine monatliche Subvention i. H. v. 1.000 € dafür, dass er ökologischen Landbau betreibt. Am 15.07. geht bei der zuständigen Behörde der anonyme Hinweis ein, dass L seinen Betrieb tatsächlich nur für drei Monate auf ökologischen Landbau umgestellt habe. Seit dem 01.04. bewirtschafte er seinen Hof wie immer, d.h. er halte sich nicht mehr an die vorgeschriebenen ökologischen Gesichtspunkte, was vor allem an dem extremen Einsatz von Pestiziden deutlich werde. Es könne doch nicht sein, dass L unter diesen geänderten Verhältnissen weiterhin staatliche Leistungen in Anspruch nehmen könne. Die Behörde überprüft den anonymen Hinweis, der sich als zutreffend herausstellt. Wie wird die Behörde entscheiden?

Lösung: Die Bewilligung der monatlichen Subvention ist auf eine laufende Geldleistung gerichtet; es handelt sich um einen VA mit Dauerwirkung. Durch die Umstellung der Bewirtschaftung zum 01.04. sind die Voraussetzungen für eine Inanspruchnahme der Leistungen für L seit dem 01.04. weggefallen. Die Behörde hat den VA daher von diesem Zeitpunkt an nach § 48 VwVfG zurückzunehmen. A hat die erbrachten Leistungen zurückzuerstatten.

- Wenn die nach Erlass des VAs eintretende Rechtswidrigkeit (aus besonderen Gründen) auf den Zeitpunkt des Erlasses zurückwirkt, so liegt ein ursprünglich rechtswidriger VA vor, auf den § 48 VwVfG anzuwenden ist. Im umgekehrten Fall gilt: wird ein rechtswidriger VA rückwirkend rechtmäßig, greift § 49 VwVfG ein.

Beispiel 7: E erbt von seinem Onkel O ein in dem idyllischen Städtchen S gelegenes Grundstück, welches unmittelbar an einen kleinen See angrenzt. E beantragt die Errichtung eines Wochenendhauses auf dem Grundstück, und zwar unmittelbar angrenzend an den See. Er erhält hierfür am 01.03. die entsprechende Baugenehmigung. Am 01.05. tritt ein Gesetz in Kraft, welches mit Wirkung vom 01.01. die Bebauung von Uferrandstreifen einschränkt: am Ufer des Gewässers dürfen Gebäude nur bei Einhaltung eines Abstands von 6 m errichtet werden. Die Behörde sieht sich gezwungen, die dem E erteilte Baugenehmigung aufzuheben. Auf welche Rechtsgrundlage kann sie ihre Entscheidung stützen?

Lösung: Durch die Rückwirkung des Gesetzes zum 01.01. ist die dem E erteilte Baugenehmigung als von Anfang an rechtswidrig anzusehen. Die Aufhebung der Baugenehmigung richtet sich daher nach § 48 VwVfG.

III. Rücknahme eines *rechtswidrigen* VAs (§ 48 VwVfG)

Nach § 48 VwVfG kann ein *rechtswidriger* VA ganz oder teilweise mit Wirkung für die Vergangenheit und Zukunft von der Verwaltung zurückgenommen werden.

1. Rücknahme eines belastenden VAs

Belastende VAe können jederzeit frei nach § 48 I S. 1 VwVfG ganz oder teilweise zurückgenommen werden. Die Rücknahme steht im *Ermessen* der Behörde. Diese hat sich bei ihrer Entscheidung an die Grundsätze der Gesetzmäßigkeit und der Rechtssicherheit zu halten. Wenn die für die Rücknahme sprechenden Gründe überwiegen, kann der Ermessensspielraum der Behörde eingeschränkt sein.

Beispiel 8: Belastungen für den Betroffenen, Auswirkungen für die Allgemeinheit, Schwere des Fehlers.

Der Gesichtspunkt des *Vertrauensschutzes* spielt bei der Rücknahme eines belastenden VAs keine Rolle, da die Rücknahme ja gerade im Interesse des Betroffenen liegt.

Beispiel 9: Landwirt L wird durch eine Abrissverfügung aufgegeben, seine alte, baufällige Scheune samt einer angrenzenden Garage abzureißen. Nach erneuter Überprüfung der Sach- und Rechtslage wird die Abrissverfügung insoweit zurückgenommen, als sie die Garage betrifft. Auf welche Rechtsgrundlage kann die Behörde ihr Vorgehen stützen?

Lösung: Bei der Abrissverfügung handelt es sich um einen belastenden VA. Dieser ist gemäß § 48 I 1 VwVfG frei rücknehmbar, und zwar auch zum Teil. Die Behörde kann die - teilweise - Aufhebung der Abrissverfügung daher auf § 48 I 1 VwVfG stützen. Die Entscheidung hat die Behörde nach pflichtgemäßem Ermessen zu treffen.

2. Rücknahme eines begünstigenden VAs

Liegt hingegen ein *begünstigender* VA vor, ist dieser nicht ohne weiteres frei rücknehmbar.

Die Rücknahme eines rechtswidrigen begünstigenden VAs ist nur unter den Einschränkungen der Absätze 2 bis 4 des § 48 VwVfG möglich. Dabei unterscheidet § 48 VwVfG nochmals zwischen Leistungsbescheiden (§ 48 II VwVfG), sowie allen sonstigen begünstigenden VAen (§ 48 III VwVfG).

Die Unterscheidung zwischen Leistungsbescheiden und sonstigen begünstigenden Bescheiden ist wichtig für die weitere Fallbearbeitung. Ein Leistungsbescheid nach § 48 II VwVfG kann grundsätzlich *nicht* zurückgenommen werden; eine Rücknahme kommt nur bei Nichtvorliegen eines schutzwürdigen Vertrauens in Betracht (sog. Bestandsschutz, vgl. § 48 II VwVfG). Sonstige begünstigende VAe können hingegen grundsätzlich zurückgenommen werden, jedoch ist eine Entschädigung zu leisten, soweit der Betroffene auf den Bestand des VAs vertraut hat und sein Vertrauen schutzwürdig ist (Vermögensschutz, vgl. § 48 III S. 1 VwVfG).

68

a) § 48 II VwVfG

§ 48 VwVfG enthält ein Rücknahmeverbot.

aa) Begünstigende VAe gemäß § 48 II VwVfG

Dieses Rücknahmeverbot gilt allerdings nur für bestimmte
Arten von begünstigenden VAen, nämlich für solche VAe, die

- eine einmalige oder laufende Geldleistung gewähren

Beispiel 10: Bewilligung eines einmaligen Zuschusses oder monat-
licher Zuwendungen (Subventionen).

- oder eine *teilbare* Sachleistung gewähren oder

Beispiel 11: Bewilligung von Kleidung oder Heizmaterial für einen
Sozialhilfeempfänger.

- Voraussetzung für die Gewährung der erwähnten Leistungen sind.

Beispiel 12: Für die Gewährung laufender Beamtenbezüge ist die
Festsetzung des Besoldungsdienstalters Voraussetzung.

bb) Vertrauensschutz

Bei der Rücknahme von Leistungsbescheiden nach § 48 II
VwVfG gilt der Grundsatz, dass eine Rücknahme ausschei-
det, wenn

(1) ein Vertrauenstatbestand geschaffen wurde und

(2) das Vertrauen unter Abwägung mit dem öffentlichen Interesse an einer Rücknahme schutzwürdig
ist (§ 48 II S. 1 VwVfG).

(1) Vertrauenstatbestand

Der Betroffene muss zunächst tatsächlich auf den Bestand des leistungsgewährenden VAs vertraut haben. Das ist in der Regel der Fall. Nur ausnahmsweise ist das Vertrauen des Begünstigten zu verneinen.

Klausurtipp: In der Klausur ist der Sachverhalt dahingehend zu überprüfen, ob er Anhaltspunkte für das Fehlen eines Vertrauenstatbestands enthält. Ist dies nicht der Fall, genügt der einfache Hinweis, dass ein Vertrauenstatbestand vorliegt, was folgendermaßen formuliert werden kann:

„A hat auf den VA vertraut. Anhaltspunkte für das Fehlen eines Vertrauenstatbestandes sind dem Sachverhalt nicht zu entnehmen".

---

(2) Schutzwürdigkeit des Vertrauens

Das tatsächlich vorhandene Vertrauen muss aber unter Abwägung mit dem öffentlichen Interesse schutzwürdig sein. Es darf kein Ausschluss der Schutzwürdigkeit gem. § 48 II S. 3 VwVfG gegeben sein. Das ist der Fall

- wenn der Betroffene den VA durch arglistige Täuschung, Drohung oder Bestechung erwirkt hat (§ 48 II S.3 Nr. 1 VwVfG). Den Tatbestandsmerkmalen kommt die gleiche Bedeutung wie im Straf- und Zivilrecht zu, vgl. § 123 BGB, §§ 240 und 334 StGB,

- wenn der Betroffene den VA durch Angaben erwirkt hat, die in wesentlicher Beziehung unrichtig oder unvollständig waren (§ 48 II S. 3 Nr. 2 VwVfG). Die Unrichtigkeit der Angaben setzt nach Ansicht des BVerwG *kein Verschulden* des Begünstigten voraus. Entscheidend ist vielmehr, dass die Unrichtigkeit der Angaben im *Verantwortungsbereich* des Betroffenen liegt, d.h., dass sie diesem *objektiv zurechenbar* ist.

Hat die Behörde hingegen die Falschangaben mit-verursacht, z.B. durch missverständlich oder lü-ckenhaft formulierte Formulare, kann die objektive Zurechenbarkeit der Falschangaben entfallen,

- wenn der Betroffene die Rechtswidrigkeit des VAs kannte oder infolge grober Fahrlässigkeit nicht kannte (§ 48 II S. 3 Nr. 3). In diesem Fall muss der Begünstigte mit der Rücknahme des VAs rechnen, da ihm bewusst ist, dass ihm die gewährte Lei-stung materiell nicht zusteht. Grob fahrlässige Un-kenntnis setzt keine exakte juristische Subsumtion voraus. Ausreichend ist vielmehr die „Parallel-wertung in der Laiensphäre", d.h. dass es sich einem durchschnittlichen Beobachter geradezu aufdrängen muss, dass der VA nicht in Ordnung ist.

Ist die Schutzwürdigkeit des Vertrauens nicht nach § 48 II S. 3 VwVfG ausgeschlossen, so ist eine *Abwägung* vorzuneh-men. Dabei kommt es auf die Umstände des Einzelfalls an.

Zunächst ist dabei zu prüfen, ob der Begünstigte sein *Ver-trauen bereits betätigt hat*, indem er gewährte Leistungen ver-braucht oder eine Vermögensdisposition getroffen hat, die er nicht oder nur unter unzumutbaren Nachteilen rückgängig machen kann. Das betätigte Vertrauen ist i. d. R. schutz-würdig (§ 48 II S. 2 VwVfG).

Beispiel 13: Der Beamte B hat sich nach der Festsetzung des Besoldungs-dienstalters ein lang ersehntes neues Auto gekauft; der Sozialhilfeem-pfänger hat das ihm gewährte Heizmaterial in der Zwischenzeit verbraucht.

Als Kriterien kommen weiter in Betracht: die Auswirkungen der Rücknahme für den Betroffenen, die Folgen der Nicht-rücknahme für die Allgemeinheit und Dritte und die seit der Bekanntgabe des VAs verstrichene Zeit.

cc) Ermessensentscheidung der Behörde

Soweit es an der Schutzwürdigkeit des Vertrauens fehlt, entscheidet die Behörde über die Rücknahme des VAs nach ihrem Ermessen (§ 48 I S. 1 VwVfG). Eine Ermessensreduzierung kommt weder infolge der Rechtswidrigkeit des VAs noch infolge des fehlenden Vertrauensschutzes in Betracht, da diese Aspekte bereits die Tatbestandsseite bestimmen.

dd) Die Rücknahmefrist (§ 48 IV VwVfG)

Schließlich ist die Rücknahmefrist des § 48 IV VwVfG zu beachten. Danach kann die *Behörde* den VA lediglich *innerhalb eines Jahres* zurücknehmen. Die Frist beginnt mit der Kenntnisnahme der Behörde von den Tatsachen, welche die Rücknahme eines rechtswidrigen VAs rechtfertigen. Diese Regelung gilt nicht, wenn der VA durch arglistige Täuschung, Drohung oder Bestechung erwirkt worden ist. In der Klausur können sich im Zusammenhang mit der Rücknahmefrist folgende Problemfelder ergeben:

• **Fristbeginn**

Nach Auffassung des BVerwG (E 70, 356 f.) beginnt die Jahresfrist zu laufen, wenn

- die Behörde die Rechtswidrigkeit des VAs erkannt hat und
- ihr alle für die Ausübung des Rücknahmeermessens außerdem erheblichen Tatsachen bekannt sind.

• **Tatsachenbegriff**

Nach dem Wortlaut des § 48 IV VwVfG ist die Rücknahme innerhalb der Jahresfrist nur dann zulässig, wenn die Behörde von *Tatsachen* Kenntnis erlangt, welche die Rechtswidrigkeit anzeigen.

Nach überwiegender Auffassung erfasst § 48 IV VwVfG auch die Fälle, in denen das Recht fehlerhaft angewendet wurde, d.h., wenn die Behörde zwar von einem zutreffenden Sachverhalt ausgegangen ist, aber später erkennt, dass sie das Recht falsch ausgelegt oder angewandt hat und der VA deshalb rechtswidrig ist.

- **Behördenbegriff**

Maßgebend ist nach der Rspr. allein die Kenntnis des für die Entscheidung zuständigen Amtsträgers, nicht die Kenntnis der Behörde als solcher. Dieser Amtsträger muss sich das Wissen anderer Amtsträger nicht zurechnen lassen, auch wenn diese derselben Behörde angehören.

ee) Rechtsfolge: Rückerstattung der erhaltenen Leistungen durch den Betroffenen (§ 49 a VwVfG)

Soweit ein Leistungsbescheid i. S. v. § 48 II VwVfG mit Wirkung für die Vergangenheit zurückgenommen wird, sind die schon gewährten Leistungen zu erstatten. Die Rückgewähr erfolgt durch den in § 49 a VwVfG spezialgesetzlich geregelten öffentlich-rechtlichen Erstattungsanspruch. Die zu erstattende Leistung ist von der Behörde durch schriftlichen VA festzusetzen (§ 49 a I S. 2 VwVfG). Diese Festsetzung kann zugleich mit dem Rücknahmeakt erfolgen.

Beispiel 14 (abschließender Fall zu § 48 II VwVfG): S hatte im Jahre 2011 in der nordrhein-westfälischen Gemeinde G die Schreinerei seines Vaters V übernommen. Aus gesundheitlichen Gründen hatte V kaum noch Aufträge annehmen können, so dass lange Zeit mit der Schreinerei keine Gewinne mehr erzielt worden waren. S kurbelte die Auftragslage seit der Übernahme der Schreinerei erheblich an; er konnte mehrere größere Aufträge übernehmen und spezialisierte sich zudem auf die Restauration und die Veräußerung antiker Möbel. In den Jahren 2011 bis 2013 verbesserte sich die Gewinnsituation der Schreinerei kontinuierlich. S konnte drei neue Arbeitskräfte einstellen und die Schreinerei mit modernster Technik ausrüsten. Im Haushaltsjahr 2013 beschloss der nordrhein-westfälische Landtag ein Programm zur Förderung mittelständischer Unternehmen und stellte entsprechende Mittel im Haushaltsplan bereit. Voraussetzung für die Inanspruchnahme der Fördermittel war entsprechend der Vergaberichtlinien, dass „das Handwerksunternehmen in seiner Existenz bedroht ist. Eine Existenzbedrohung ist insbesondere dann anzunehmen, wenn in einem Zeitraum von einem Jahr keine Gewinne erzielt wurden". S war der Auffassung, dass er einen Anspruch auf Fördermittel habe. Schließlich sei es dem Unternehmen bei der Übernahme sehr schlecht gegangen, so dass es nur gerecht sei, dass er eine staatliche Unterstützung erhalte. Er beantragte daher die Förderleistung und gab hierbei - wahrheitswidrig - an, im vergangenen Jahr keine Gewinne erzielt zu haben. S bekam dementsprechend einen einmaligen Betrag i. H. v. 10.000 € ausgezahlt. Er nutzte den Erhalt des Fördermittels sofort für die Anschaffung einer neuen Maschine.

Im Jahr 2014 erhielt der Beamte B der zuständigen Behörde den anonymen Hinweis, dass S sich die staatlichen Mittel damals mittels wahrheitswidriger Angaben erschlichen habe. B überprüft den Sachverhalt und kommt zu dem Ergebnis, dass der damalige Leistungsbescheid aufzuheben sei. Daher nimmt B den Bewilligungsbescheid zurück. Ist diese Rücknahme rechtmäßig? (Lösungshinweis: Es ist von der formellen Rechtmäßigkeit des VAs auszugehen!)

Lösung: Als Ermächtigungsgrundlage kommt § 48 II VwVfG in Betracht.

1. Der Bewilligungsbescheid wurde entgegen der Vergaberichtlinien erlassen, so dass er als *rechtswidrig* einzustufen ist.

2. Der Bewilligungsbescheid für die Gewährung des Fördermittels gewährte S eine einmalige Geldleistung und ist somit ein *begünstigender* VA.

3. Seitens des S darf *kein Vertrauensschutz* auf den Bestand des VAs bestehen, § 48 II s. 1, 2 und 3 VwVfG. Vom Vorliegen eines Vertrauenstatbestands ist mangels gegenteiliger Anhaltspunkte im Sachverhalt auszugehen. Nach § 48 II VwVfG ist das Vertrauen auf den Bestand des VAs mit dem öffentlichen Interesse an einer Rücknahme abzuwägen. S hat die Fördermittel sofort für die Anschaffung einer neuen Maschine verbraucht. Nach § 48 II S. 2 VwVfG ist das Vertrauen schutzwürdig, wenn die gewährte Leistung verbraucht wurde und dieser Verbrauch nur unter unzumutbaren Nachteilen rückgängig gemacht werden könnte. S könnte die Maschine wohl nur mit großem Wertverlust veräußern, so dass ein Rückgängigmachen des Verbrauchs für ihn unzumutbar wäre.

Allerdings ist zu berücksichtigen, dass S die Fördermittel nur mittels wahrheitswidriger Angaben erhalten hat. § 48 II S. 3 Nr. 2 VwVfG enthält einen *Ausschlusstatbestand*, wonach der Vertrauensschutz entfällt, wenn der Begünstigte den VA durch Angaben erwirkt hat, die in wesentlicher Beziehung unrichtig sind. S hat in seinem Antrag angegeben, im letzten Jahr keinen Gewinn erzielt zu haben und dadurch in seiner Existenz bedroht gewesen

74

zu sein. Diese Angaben entsprachen nicht der Wahrheit. Also entfällt der Vertrauensschutz. Ermessensfehler sind nicht ersichtlich. Die Rücknahme des Bescheids ist daher insgesamt rechtmäßig. S hat die erhaltenen Fördermittel gemäß § 49 a VwVfG zurückzuerstatten.

Schema: Rücknahme von *begünstigenden* VAen, § 48 II VwVfG
I. VA i. S. v. § 48 II 1 VwVfG • **einmalige oder laufende Geldleistung** • **teilbare Sachleistung oder** • **Voraussetzung für diese Leistung**

II. Schutzwürdigkeit des Vertrauens
• **Vertrauenstatbestand**
• **Schutzwürdigkeit des Vertrauens; kein Ausschluss der Schutzwürdigkeit**
 	
   ➢ Nr. 1: Erwirkung durch arglistige Täuschung, Drohung oder Bestechung
 	
   ➢ Nr. 2: Erwirkung durch i. W. unrichtige oder unvollständige Angaben
 	
   ➢ Nr. 3: Kenntnis oder grob fahrlässige Unkenntnis der Rechtswidrigkeit
 	
• **Abwägung mit dem öffentlichen Interesse**
 	
   ➢ Einzelfallentscheidung
 	
   ➢ Prüfung, ob der Betroffene sein Vertrauen bereits betätigt hat
 	
   ➢ Auswirkung der Rücknahme für den Betroffenen
 	
   ➢ Folgen der Nichtrücknahme für die Allgemeinheit

III. Ermessensentscheidung der Behörde, § 48 I 1 VwVfG

IV. Rücknahmefrist, § 48 IV VwVfG   • **Problemfelder**   ➢ Fristbeginn   ➢ Tatsachenbegriff   ➢ Behördenbegriff
V. Rechtsfolge: Rückerstattung der erhaltenen Leistungen durch den Betroffenen, § 49 a VwVfG = spezialgesetzlich geregelter öffentlich-rechtlicher Erstattungsanspruch, der meist durch einen *zweiten VA*, den sog. *Rückforderungsbescheid,* geltend gemacht wird.

b) § 48 III VwVfG

§ 48 III VwVfG bezieht sich auf *begünstigende* VAe, die nicht unter § 48 II VwVfG fallen.

Beispiel 15: Baugenehmigung, Gewährung einer unteilbaren Sachleistung, Entscheidung über das Bestehen einer Prüfung.

aa) Abgrenzung zu § 48 II VwVfG

Liegt ein Fall des § 48 III VwVfG vor, so ist eine Rücknahme des VAs stets möglich. Im Unterschied zu § 48 II VwVfG enthält § 48 III VwVfG *kein Rücknahmeverbot*, sondern *lediglich ein Entschädigungsgebot*. Eine Abwägung des Vertrauens mit dem öffentlichen Interesse findet nicht statt. Vielmehr erfolgt der Vertrauensschutz dadurch, dass eine Rücknahme eines sonstigen begünstigenden VAs unter Vermögensausgleich des Vertrauensinteresses des Begünstigten möglich ist.

Merksatz:

- § 48 II VwVfG enthält ein *Rücknahmeverbot* und gewährt *Bestandsschutz.*
- § 48 III VwVfG enthält ein *Entschädigungsgebot* und gewährt *Vermögensschutz.*

bb) Schutzwürdigkeit des Vertrauens

Die Schutzwürdigkeit des Vertrauens bemisst sich im Fall des § 48 III VwVfG nur nach der Abwägung mit dem öffentlichen Interesse und der Anwendung des § 48 II S. 3 Nrn. 1-3 VwVfG.

cc) Entschädigung

Ist das Vertrauen des Begünstigten auf den Bestand des VAs schutzwürdig, ist nach § 48 III S. 1 VwVfG eine *Entschädigung* zu gewähren.

Erstattungspflichtig ist der *Vertrauensschaden*, worunter all diejenigen Schäden fallen, die der Betroffene dadurch erlitten hat, dass er auf die Wirksamkeit der ursprünglichen Bewilligung *vertraut* hat *(sog. negatives Interesse)*. Der Betroffene ist hiernach so zu stellen, wie er stehen würde, wenn der VA gar nicht erlassen worden wäre. Zum Vertrauensschaden gehören sämtliche aus dem Zivilrecht bekannten Schadenspositionen, also auch der *entgangene Gewinn*. Die Obergrenze bildet auch hier das *Erfüllungsinteresse (sog. positives Interesse)*, § 48 III S. 3 VwVfG, da der Betroffene nicht besser gestellt werden darf, als er stünde, wenn der VA bestehen bliebe.

Der Anspruch muss binnen eines Jahres geltend gemacht werden, sofern die Behöre in der Rücknahmeentscheidung auf diese Frist hingewiesen hat (§ 48 III S. 5 VwVfG).

Beispiel 16: B erhält eine Baugenehmigung zur Errichtung eines Zweifamilienhauses. Einige Wochen später nimmt die zuständige Behörde die erteilte Baugenehmigung wegen Rechtswidrigkeit zurück. B hatte in der Zwischenzeit ein Darlehen aufgenommen und bereits mit dem Bau des Hauses begonnen. B ist erbost über die Entscheidung der Behörde und verlangt von dieser eine Entschädigung, weil er auf den Bestand der Baugenehmigung vertraut hat. Hat B einen Anspruch auf eine Entschädigung?

Lösung: B hat nach § 48 III VwVfG einen Anspruch auf den Ausgleich des Vermögensnachteils, den er durch sein Vertrauen auf den Bestand der Baugenehmigung erlitten hat. Mangels entgegenstehender Anhaltspunkte im Sachverhalt ist von der Schutzwürdigkeit des Vertrauens des B auszugehen. Erstattungspflichtig ist der *Vertrauensschaden*, d.h. es ist zu prüfen, wie B stehen würde, wenn der VA nicht erlassen worden wäre. In diesem Fall hätte B nicht mit den Bauarbeiten begonnen. Die Kosten, die ihm hierfür entstanden sind - vor allem für die Auflösung der Verträge mit den Baufirmen -, hat die zuständige Behörde zu ersetzen. Gleiches gilt für den Schaden, der ihm durch die Aufnahme bzw. die Rückabwicklung des Darlehens entstanden ist.

Es gibt allerdings auch Fälle, in denen durch eine Geldentschädigung kein hinreichender Ausgleich erreicht werden kann.

Beispiel 17: Einbürgerung, Prüfungsentscheidungen.

Dem Begünstigten ist der VA dann nach dem Verhältnismäßigkeitsgrundsatz zu belassen.

Klausurtipp: Geht es in der Klausur darum, dass der Betroffene Schadensausgleich fordert, erfolgt der Einstieg in die Prüfung über die Anspruchsgrundlage § 48 III VwVfG. Danach ist inzident zu prüfen, ob es sich bei dem aufzuhebenden VA um einen *rechtmäßigen* oder *rechtswidrigen* VA handelt (§ 48 III VwVfG ist nur bei einem rechtswidrigen VA anwendbar). Anschließend sind die übrigen Rücknahmevoraussetzungen sowie die ordnungsgemäße Ermessensbetätigung zu prüfen.

Schema: Rücknahme sonstiger rechtswidriger begünstigender VAe, § 48 III VwVfG

I. VA i. S. v. § 48 III VwVfG

- Begünstigende VAe, die nicht unter § 48 II VwVfG fallen

II. Schutzwürdigkeit des Vertrauens

- Abwägung mit dem öffentlichen Interesse und Anwendung des § 48 II S. 3 Nrn. 1-3 VwVfG

III. Ermessensentscheidung der Behörde, § 48 I S. 1 VwVfG

IV. Rücknahmefrist, § 48 IV VwVfG

V. Rechtsfolge: Entschädigung

- *Vertrauensschaden (sog. negatives Interesse)*

  ➢ Obergrenze: *Erfüllungsinteresse (sog. positives Interesse)*

- Bei Fällen, in denen kein hinreichender Ausgleich durch eine Geldentschädigung möglich ist, ist dem Begünstigten der VA nach dem Verhältnismäßigkeitsgrundsatz zu belassen.

3. Die Rücknahme unionsrechtsrechtswidriger VAe

In Klausuren geht es neuerdings immer öfter um die Rücknahme von VAen, die gegen das EU-Recht verstoßen. Hierbei handelt es sich insbesondere um die Rücknahme von Subventionsbescheiden, die mit Art. 107, 108 AEU nicht im Einklang stehen.

a) Anwendbarkeit des § 48 VwVfG

Da eine europarechtliche Rechtsgrundlage fehlt, richtet sich die Rücknahme unionsrechtswidriger VAe nach § 48 VwVfG.

b) Verstoß gegen Art. 107, 108 AEU

Ein Subventionsbescheid, der gegen das in Art. 107 I AEU geregelte *Verbot wettbewerbsverfälschender, den Handel zwischen Mitgliedsstaaten beeinträchtigender Beihilfen* verstößt, ist *materiell rechtswidrig*, sofern kein in Art. 107 II, III AEU näher bezeichneter Ausnahmefall vorliegt. Stellt die Kommission fest, dass die Beihilfe mit Art. 107 AEU nicht vereinbar und daher unionsrechtswidrig ist, hat die zuständige nationale Behörde den erlassenen Subventionsbescheid aufzuheben oder abzuändern sowie bereits erfolgte Subventionszahlungen nebst Zinsen zurückzufordern.

Damit die Kommission ihre Aufgaben im präventiven Bereich wahrnehmen kann, bestimmt Art. 108 III AEU, dass die Mitgliedstaaten rechtzeitig die Kommission über die beabsichtigten Subventionen unterrichten müssen. Ein Subventionsbescheid, bei dem ein Verstoß gegen Art. 108 III AEU *(Notifizierungspflicht)* vorliegt, ist *formell rechtswidrig.* Umstritten ist, ob bereits die formelle Unionsrechtswidrigkeit des Subventionsbescheids zur Rückforderung verpflichtet oder ob eine materielle Unionsrechtswidrigkeit (Verstoß gegen Art. 107 I AEU) erforderlich ist.

Der EuGH hat erklärt, dass Beihilfen, die gegen Art. 108 III AEU verstoßen, per se rechtswidrig seien und lässt hierdurch erkennen, dass nicht auszuschließen ist, dass auch nur formelle Verstöße gegen das Unionsrecht zu einer Rückforderungspflicht führen können (vgl. EuGH Slg 1991, 5528 f.). Hierfür spricht, dass die Missachtung des vorgeschriebenen Beihilfeaufsichtsverfahrens ansonsten im Wesentlichen sanktionslos bliebe und so das Unionsrecht nicht effektiv durchgesetzt werden könnte.

c) Problemfelder

Im Zusammenhang mit der Rücknahme unionsrechtswidriger Subventionsbescheide ergeben sich folgende Problemfelder:

aa) Vertrauensschutz

Der EuGH hat den Grundsatz des Vertrauensschutzes ausdrücklich als Bestandteil der Unionsrechtsordnung anerkannt.

In der Klausur ist zunächst zu prüfen, ob die Voraussetzungen des Vertrauensschutzes gem. § 48 II S. 1-3 VwVfG überhaupt vorliegen. Ist dies nicht der Fall, steht der Rücknahme des VAs nichts entgegen. Liegen die Voraussetzungen des Vertrauensschutzes hingegen vor, ist anschließend eine *Abwägung* zwischen dem *privaten Vertrauensinteresse* und dem *öffentlichen Rücknahmeinteresse* vorzunehmen.

Hierbei kommt dem öffentlichen Interesse an der Durchsetzung des Unionsrechts ein so hohes Gewicht zu, dass das Vertrauen des Begünstigten in den Bestand des VAs regelmäßig nicht schutzwürdig ist. Die Behörde darf selbst dann nicht von der Rückforderung absehen, wenn der Wegfall der Bereicherung eingetreten ist.

bb) Anwendung der Frist des § 48 IV VwVfG

Die Frage, ob die Rücknahmefrist des § 48 IV VwVfG auch für unionsrechtswidrige VAe maßgeblich ist, wurde vom EuGH verneint. Danach ist die Behörde in dem Fall, dass sie die Einjahresfrist hat verstreichen lassen, zur Rücknahme verpflichtet, sofern ein bestandskräftiger Beschluss der Kommission besteht, in der die Beihilfe für unionsrechtswidrig erklärt und ihre Rückforderung verlangt wird.

cc) Ermessen

Das in § 48 I 1 VwVfG vorgesehene Rücknahmeermessen reduziert sich auf Null, so dass die nationale Behörde verpflichtet ist, die Subvention zurückzufordern.

Beispiel 18: (Zu diesem Fall, der verkürzt dem Skript *Standardfälle Europarecht* von *Alexander Thiele* entnommen wurde, vgl. EuGH, Urt. v. 20.03.1997, Rs. C-24/95 – Alcan – Slg. 1997 I 1591 = NJW 1998, 47):

Im idyllischen Dannenberg im Wendland hat die europaweit tätige Firma FRG ihren Sitz. Sie vertreibt Computerartikel und hat etwa 250 Mitarbeiter. Infolge der schlechten wirtschaftlichen Lage und aufgrund des bereits seit Jahren andauernden Reformstaus gerät die FRG in wirtschaftliche Probleme. Es droht die Insolvenz. Die Kanzlerin ist über diese Tatsache gar nicht erfreut. Sie hat langjährige Kontakte ins Wendland und weist daher ihren Wirtschaftsminister an, nach Möglichkeiten zu suchen, um die Schließung zu verhindern. Es kommt zu Verhandlungen. Letztlich erklärt sich das Bundeswirtschaftsministerium bereit, der Firma FRG eine kleine „Finanzspritze" zukommen zu lassen. FRG soll insgesamt 1 Million Euro in Form eines *verlorenen Zuschusses*[4] erhalten. Weder die Kommission noch sonstige europäische Institutionen werden hiervon in Kenntnis gesetzt. Die Subvention wird am 15.12.09 ausbezahlt.

Der verbeamtete Staatssekretär im Finanzministerium, der sich gegenwärtig ein wenig auf Kriegsfuß mit dem Bundeswirtschaftsminister befindet, wittert seine Chance, diesem einen „reinzuwürgen". Auf einer eher inoffiziellen Tagung in Brüssel berichtet er beiläufig einem Kollegen in der Kommission von der Auszahlung der Subvention.

---

[4] Ein verlorener Zuschuss ist eine Form der Subventionierung, bei der der Empfänger den Betrag nicht zurückzahlen muss. Die Höhe des Betrages wird regelmäßig durch VA festgesetzt. Andere Subventionen sind etwa Darlehen, Bürgschaften oder andere Realkredite.

Daraufhin fordert die Kommission am 14.02.10 die Bundesrepublik zur Beantwortung einiger Fragen bzgl. der Subvention auf. Nach wahrheitsgemäßer Beantwortung durch die Bundesregierung erlässt die Kommission am 03.12.10 einen Beschluss an die Bundesrepublik. Hierin stellt sie fest, dass die Beihilfe rechtswidrig gewesen sei, da die Kommission nicht, wie gemäß Art. 108 III AEU vorgesehen, vor Auszahlung von ihr unterrichtet worden sei. Sie sei ferner mit dem gemeinsamen Markt unvereinbar, da sie geeignet sei, den Handel zu beeinträchtigen und den Wettbewerb zwischen den Mitgliedstaaten zu verfälschen (vgl. Art. 107 I AEU) und auch aus diesem Grund rechtswidrig. Die Kommission fordert daher die Bundesrepublik auf, alles zu veranlassen, um die Beihilfe zurückzufordern. Auch der Firma FRG wird dieser Beschluss zugestellt. Weder die Bundesrepublik noch die Firma FRG legen dagegen Rechtsmittel ein. Sie lassen die Sache vielmehr zunächst auf sich beruhen.

Die Kommission ist hiervon indes nicht angetan. Es kommt zu einem Konflikt zwischen ihr und der Bundesregierung, der letztlich darin endet, dass die Bundesregierung klein beigibt. Nach Anhörung der Firma FRG hebt sie (formell ordnungsgemäß) am 16.02.12 (verschickt per Post, ordnungsgemäße Rechtsbehelfsbelehrung) den Bewilligungsbescheid auf und fordert FRG zur Rückzahlung auf. Begründet wird ihr Beschluss mit dem Verstoß gegen Unionsrecht. Aus dem nunmehr bestandskräftigen Beschluss der Kommission vom 03.12.10 ergebe sich eine Verpflichtung, den Bescheid aufzuheben. Daher schlage auch das Vertrauen der Firma FRG auf den Bestand der Subvention nicht durch. Die Firma FRG ist entsetzt. Sie geht sehr wohl davon aus, dass sie auf den Bescheid vertrauen durfte. Immerhin sei die Bewilligung bestandskräftig. Außerdem sei die Subvention mittlerweile vollständig verbraucht. Sie sei daher nicht mehr bereichert. Im Übrigen existiere ein Vertrauensschutz ja auch auf Unionsebene. Die Firma FRG klagt nun vor dem zuständigen Verwaltungsgericht. Ist die Klage begründet?

Lösungsvorschlag[5]

A. Begründetheit

Die Klage ist begründet, soweit die angegriffenen Bescheide rechtswidrig sind und die Firma FRG dadurch in ihren Rechten verletzt ist, § 113 I VwGO. Beide Bescheide (Rücknahmebescheid und Rückforderungsbescheid) sind insoweit getrennt zu untersuchen.

I. Rechtmäßigkeit des Rücknahmebescheides

Der Rücknahmebescheid ist rechtswidrig, wenn er sich nicht auf eine wirksame Ermächtigungsgrundlage stützen lässt oder aus formellen oder materiellen Gründen rechtswidrig ist.

---

[5] Es handelt sich um einen Lösungsvorschlag. Damit soll deutlich werden, dass auch andere Lösungswege gangbar sind. Wichtig ist allein, die relevanten europarechtlichen Diskussionen an der richtigen Stelle zu bringen.

1. Ermächtigungsgrundlage

Eine Ermächtigungsgrundlage ist erforderlich, da durch die Rücknahme hier ein Eingriff in die Rechte der Firma FRG bewirkt wird. Da insoweit unionsrechtliche Grundlagen nicht ersichtlich sind, richtet sich die Aufhebung nach nationalem Recht.[6] Mangels sondergesetzlicher Grundlagen sind damit die §§ 48, 49 VwVfG maßgeblich. Somit ist hier zunächst festzustellen, ob § 48 VwVfG (Rücknahme) oder § 49 VwVfG (Widerruf) einschlägig ist. § 48 VwVfG ist einschlägig, wenn der aufzuhebende Verwaltungsakt als rechtswidrig zu qualifizieren ist. Dabei kann sich die Rechtswidrigkeit aus nationalen Vorschriften und aus dem Unionsrecht selbst ergeben.

a) Nationales Recht

Ein Verstoß gegen nationales Recht kann im Bereich von Subventionen insbesondere aus einem Verstoß gegen den *Vorbehalt des Gesetzes* resultieren. Dieser verlangt jedenfalls für belastende VA eine gesetzliche Grundlage. Inwieweit dies auch für Subventionen notwendig ist, ist umstritten. Nach der wohl überwiegenden Ansicht[7] genügt dabei als ausreichende Legitimationsgrundlage im Grundsatz eine bloß *haushaltsrechtliche Mittelbereitstellung im Haushaltsplan.* Mangels anderer Angaben im Sachverhalt ist insoweit davon auszugehen, dass dieses Erfordernis hier erfüllt ist.

b) Unionsrecht

In Betracht kommt hier ein Verstoß gegen die Art. 107 und 108 AEU. Danach wacht die Kommission darüber, dass keine mit dem Gemeinsamen Markt unvereinbare Beihilfe von den Mitgliedstaaten ausgeschüttet wird. Insbesondere ist die Kommission zu diesem Zweck über jede beabsichtigte Beihilfe gemäß Art. 108 III AEU zu informieren (Notifizierungsverfahren).

Da eine solche Anzeige hier laut Sachverhalt nicht stattgefunden hat, liegt jedenfalls eine formelle Unionsrechtswidrigkeit vor. Auch *materiell* ist der Bewilligungsbescheid unionsrechtswidrig, wenn der bewilligte Zuschuss mit dem Gemeinsamen Markt unvereinbar ist. Bezüglich dieser Feststellung kommt der Kommission ein gewisser Ermessensspielraum zu.

Hier hat die Kommission mit Bescheid vom 03.12.10 festgestellt, dass die Beihilfe nicht mit dem Gemeinsamen Markt vereinbar ist. Diese Feststellung ist dabei gemäß Art. 288 IV AEU sowohl für die Bundesrepublik als auch für die Firma FRG bindend. Diese Bindungswirkung hätte allein durch eine Nichtigkeitsklage gemäß Art. 263 IV AEU verhindert werden können. Da mittlerweile die Frist für eine solche Klage abgelaufen ist, ist die Feststellung der Kommission damit in Bestandskraft erwachsen. Ob damit tatsächlich eine wettbewerbsverfälschende Beihilfe vorliegt, der Kommissionsbeschluss also auch tatsächlich materiell rechtmäßig ergehen konnte, ist damit irrelevant.

---

[6] Scheuing, Die Verwaltung (2001), S. 107. EuGH EuZW 1997, 276.
[7] BVerwGE 6, 282; 48, 305; 90, 112; Jarass, NVwZ 1984, 473.

Im Ergebnis ist damit festzuhalten, dass der Bewilligungsbescheid sowohl formell als auch materiell unionsrechtswidrig ist.

c) Ergebnis

Der ursprüngliche Bescheid war *rechtswidrig*. Richtige Ermächtigungsgrundlage für den Rücknahmebescheid ist damit § 48 VwVfG.

2. Formelle Rechtmäßigkeit

Laut Sachverhalt erfolgte die Rücknahme formell ordnungsgemäß. Insbesondere erfolgte eine Anhörung gemäß § 28 VwVfG.

3. Materielle Rechtmäßigkeit

Der Bescheid ist materiell rechtmäßig, wenn die Voraussetzungen des § 48 VwVfG erfüllt waren.

a) Rücknahmevoraussetzungen, § 48 I VwVfG

Dies erfordert zunächst einen rechtswidrigen Verwaltungsakt. Diese Voraussetzung ist hier gegeben, s.o. Es handelt sich um einen *begünstigenden* VA. Damit sind gemäß § 48 I 2 VwVfG zusätzlich die Voraussetzungen der Absätze 2-4 zu beachten.

b) Vertrauensschutz nach § 48 II VwVfG

Der Bewilligungsbescheid gewährt eine einmalige Geldleistung, so dass in diesem Fall § 48 II VwVfG zu beachten ist. Danach ist eine Rücknahme ausgeschlossen, soweit der Begünstigte (hier die Firma FRG) auf den Bestand des rechtswidrigen VAs vertraut hat und dieses Vertrauen auch als schutzwürdig einzustufen ist. Laut SV hat die Firma FRG auf den Bestand der Subvention vertraut. Fraglich ist indes, ob dieses Vertrauen auch *schutzwürdig* ist. Die Schutzwürdigkeit ist dabei grds. in einer *Abwägung mit dem öffentlichen Interesse* an einer Rücknahme festzustellen. In den Fällen des § 48 II 3 VwVfG ist hingegen die Schutzwürdigkeit von vorneherein ausgeschlossen.

In Betracht kommt hier ein Ausschluss der Schutzwürdigkeit gemäß § 48 II 3 Nr. 3 Alt. 2 VwVfG. Danach ist diese ausgeschlossen, soweit die Firma FRG die ursprüngliche Rechtswidrigkeit infolge *grober Fahrlässigkeit nicht erkannte*. Eine solche besonders grobe Sorgfaltspflichtverletzung könnte hier darin gesehen werden, dass die Firma FRG sich nicht hinreichend darüber informiert hat, ob das europarechtliche Notifizierungsverfahren vom Bundeswirtschaftsministerium eingehalten wurde. Indes kann eine Firma sich grds. auf eine Genehmigung eines Bundesministeriums verlassen. Es erscheint nicht gerechtfertigt, ihr eine Nachforschungspflicht bezüglich aller rechtlichen, insbesondere europarechtlichen Voraussetzungen aufzuerlegen. Dies gilt grds. auch für eine europaweit tätige Firma. Insbesondere würde auf diese Weise die Verantwortung des Ministeriums mit seinem spezialisierten Mitarbeiterstab auf den einzelnen Unternehmer abgewälzt.

Selbst wenn man eine Nachforschungspflicht anerkennen wollte, so könnte im Ergebnis wohl nicht von einer *groben Fahrlässigkeit* gesprochen werden.[8] Somit bleibt es bei der grds. Abwägung zwischen dem Bestandsinteresse und dem öffentlichen Interesse an der Rücknahme, wobei § 48 II 2 VwVfG eine Regelvermutung für die Schutzwürdigkeit enthält, soweit der Begünstigte, wie hier die Firma FRG, nicht mehr verhältnismäßig rückgängig zu machende Vermögensdispositionen getroffen hat. Diese Regelvermutung kann indes durch ein besonders hohes öffentliches Rücknahmeinteresse außer Kraft gesetzt werden. Hier spielt das europäische Unionsrecht eine entscheidende Rolle. Da ein Verstoß gegen Unionsrecht vorliegt, wird das öffentliche Interesse an einer Rücknahme unionsrechtlich aufgeladen.[9] Es geht damit eben nicht mehr allein um fiskalische Interessen der Bundesrepublik, sondern um das Interesse an der Durchsetzung der unionsrechtlichen Wettbewerbsordnung. *Die unionsrechtlich vorgeschriebene Rückforderung darf nicht praktisch unmöglich[10] gemacht werden.*[11]

Insbesondere, da es an einer Bösgläubigkeit iSd § 48 II 3 VwVfG regelmäßig fehlt, wäre das Unionsinteresse an der Wahrung der im AEU niedergelegten Wettbewerbsordnung und an der Einhaltung der Notifizierungspflicht erheblich beeinträchtigt. Im Grundsatz gilt in solchen Fällen damit, dass sich im Ergebnis trotz der genannten Regelvermutung das öffentliche Rücknahmeinteresse durchsetzt, da es an einer Einhaltung des Notifizierungsverfahrens mangelt. Die Firma FRG ist damit im Ergebnis nicht schutzwürdig.

c) Ermessensausübung
Die Entscheidung nach § 48 VwVfG steht grds. im Ermessen der Behörde. Hier ging das Ministerium jedoch davon aus, dass es verpflichtet sei, den Bescheid aufzuheben. Insoweit könnte ein Ermessensfehler in Form des Ermessenausfalls vorliegen. Es ist indes der bestandskräftige Beschluss der Kommission zu beachten. Diese verpflichtete die Bundesrepublik zur Rücknahme. Damit liegt in solchen Fällen eine *Ermessensreduzierung auf Null* vor. Die nationale Behörde ist in solchen Fällen nicht viel mehr als der „verlängerte Arm" für den Kommissionsbeschluss. Damit lag hier ausnahmsweise tatsächlich eine Verpflichtung vor. Ein Ermessensfehler ist damit nicht gegeben.

---

[8] Hier ist sicherlich auch eine andere Ansicht gut vertretbar. Insbesondere wird von einigen Gerichten vertreten, § 48 II 3 alt. 2 VwVfG europarechtskonform extensiv auszulegen (OVG Münster JZ 1992, 1080) und damit eine grobe Fahrlässigkeit zu bejahen. Anders aber das BVerwG: in BVerwGE 92, 81: „...reicht für die Annahme eines besonders schweren Verstoßes gegen die Sorgfaltspflicht nicht aus." Der EuGH verlangt indes für die Gewährung von Vertrauensschutz die Einhaltung des Notifizierungsverfahrens, EuGH EuR 1998, 698.

[9] BVerwG NJW 1993, 2764; Kamann/Selmayr, JuS 1998, 148.

[10] Grundsatz des „effet utile".

[11] BVerwGE NVwZ 1995, 703.

d) Rücknahmefrist des § 48 IV VwVfG

Fraglich ist jedoch, ob § 48 IV VwVfG hier einer Rücknahme entgegensteht. Danach muss die Rücknahme innerhalb eines Jahres erfolgen, nachdem die Behörde von Tatsachen Kenntnis erlangt, welche die Rücknahme rechtfertigen. Dabei ist zunächst fraglich, ob diese Norm im Falle reiner Rechtsirrtümer überhaupt Anwendung finden kann. Hier ging die Behörde ja bei voller Kenntnis des Sachverhalts davon aus, rechtmäßig zu handeln.

Dies wird teilweise mit dem Argument bestritten, dass der Begriff „Tatsachen" nur den Fall erfasse, in welchem die Behörde nachträglich erfahre, dass ihre Entscheidung auf einen falschen Sachverhalt gestützt war.[12] Das BVerwG ist dem indes entgegengetreten.[13] Hierfür spricht insbesondere die Ratio des § 48 IV VwVfG, der für den Betroffenen nach einer gewissen Zeit Rechtssicherheit gewährleisten will. Auch Rechtsirrtümer fallen damit unter § 48 IV VwVfG. Fraglich ist jedoch ferner, wann die Frist beginnt, insbesondere, ob eine Entscheidungs- oder eine Bearbeitungsfrist vorliegt. Im vorliegenden Fall ergibt sich jedoch im Ergebnis keinerlei Unterschied: Spätestens mit Bestandskraft des Kommissionsbeschlusses hatte die Behörde alle notwendigen Informationen, um über die Rücknahme entscheiden zu können. Dies war am 03.12.10 der Fall. Damit erfolgte die Rücknahme am 16.02.12 nach rein innerstaatlichen Grundsätzen verfristet.

Hier sind indes erneut die Einwirkungen des Unionsrechts zu beachten. So könnte in solchen Fällen etwa die Durchsetzung des Unionsrechts durch bewusstes Zusammenwirken von Behörde und Empfänger praktisch unmöglich gemacht werden. Die praktische Wirksamkeit des Unionsrechts wäre gefährdet. Der EuGH hat daher festgestellt, dass in Fällen, in denen das Notifizierungsverfahren nicht eingehalten wurde, § 48 IV VwVfG keine Anwendung finden kann.[14] § 48 IV VwVfG sei letztlich Ausdruck der Rechtssicherheit und stehe daher im Zusammenhang mit Vertrauensgesichtspunkten.

Ebenso wie in Fällen des fehlenden Notifizierungsverfahrens, sei letztlich kein schutzwürdiges Vertrauen gegeben. § 48 IV VwVfG bilde daher auch keine Rücknahmeschranke. Aufgrund des Kommissionsbeschlusses stand fest, dass die Bundesrepublik verpflichtet war, den Bescheid aufzuheben. Ab diesem Zeitpunkt bestand somit in keiner Weise mehr Rechtsunsicherheit für den Empfänger der Subvention. Vielmehr lag mit dem Kommissionsbeschluss eine Art „verbriefte Rechtssicherheit" bezüglich der Rücknahme vor. Damit ist im Ergebnis die Frist des § 48 IV VwVfG in solchen Fällen nicht anwendbar.

e) Verstoß gegen Treu und Glauben

Fraglich ist, ob hier nicht der Grundsatz von Treu und Glauben einer Rücknahme entgegensteht. Dies könnte hier aufgrund der überwiegenden

---

[12]   OVG Koblenz, NVwZ 1984, 735.
[13]   BVerwG NJW 1985, 819.
[14]   EuGH EuZW 1997, 276.

Verantwortlichkeit des Ministeriums für die Rechtswidrigkeit der Beihilfe der Fall sein. Auch insoweit muss jedoch die Effektivität des Unionsrechts berücksichtigt werden. Hier verlangt der bestandskräftige Kommissionsbeschluss eine Rücknahme. Wer für die Auszahlung letztlich verantwortlich ist, ist damit unerheblich.[15]

4. Ergebnis
Der Rücknahmebescheid ist damit rechtmäßig. Die Klage gegen diesen hat damit keine Aussicht auf Erfolg.

II. Rechtmäßigkeit der Rückforderung
Auch die Rückforderung bedarf einer Rechtsgrundlage, von der ordnungsgemäß Gebrauch gemacht worden sein muss.

1. Rechtsgrundlage
Als Rechtsgrundlage kommt hier § 49a VwVfG in Betracht. Danach sind erbrachte Leistungen im Falle einer Rücknahme mit Wirkung für die Vergangenheit zu erstatten. Die Höhe der Erstattung ist durch VA festzusetzen, § 49a I 2 VwVfG.

2. Formelle Rechtmäßigkeit
Die Behörde, die die Subvention bewilligt hat, ist auch für deren Rücknahme zuständig. Darüber hinaus ist auch die Verbindung von Rücknahme und Rückforderung unproblematisch zulässig.[16] Sonstige Verfahrensfehler sind nicht ersichtlich.

3. Materielle Rechtmäßigkeit
Materiell darf eine Erstattungspflicht nur in der Höhe postuliert werden, in der auch der Bewilligungsbescheid aufgehoben wurde. Da dieser hier in voller Höhe zurückgenommen wurde, konnte somit auch eine Erstattung in voller Höhe erfolgen. Fraglich ist allein, ob die Firma sich hier auf Entreicherung gemäß § 49a II VwVfG iVm § 818 III BGB berufen kann. Laut Sachverhalt hat die Firma FRG die Subvention vollständig verbraucht. Indes ist auch hier der europarechtliche Einschlag zu beachten. Eine mögliche Berufung auf Entreicherung würde hier erneut die einheitliche Geltung des Unionsrechts gefährden. Unabhängig von der Frage, ob tatsächlich Entreicherung vorliegt, ist ein solcher Einwand jedenfalls in solchen Fällen ausgeschlossen.

4. Ergebnis
Auch der Rückforderungsbescheid ist rechtmäßig.

B. Gesamtergebnis
Beide VAe sind vollständig rechtmäßig. Eine Klage der Firma FRG ist daher in vollem Umfang unbegründet.

---

[15] Siehe auch BVerwG NVwZ 1995, 703; EuGH JZ 1997, 722.
[16] Sachs, in: Stelkens/Bonk/Sachs, VwVfG, § 49a Rn 35.

Schema: Rücknahme unionswidriger VAe, insbes. Rücknahme von Subventionsbescheiden	
Ermächtigungsgrundlage Anwendbarkeit des § 48 VwVfG, da keine unionsrechtliche Spezialvorschrift	
Verstoß geg. Art. 108 III AEU ↓ Formelle EU-Rechtswidrigkeit	**Verstoß geg. Art. 107 AEU** ↓ Materielle EU-Rechtswidrigkeit
=> Subventionsbescheid rechtswidrig	
Problemfelder	
§ 48 II S. 1 VwVfG	I.d.R. keine Schutzwürdigkeit des Vertrauens des Begünstigten, da das öffentliche Interesse an der Durchsetzung des Unionsrechts überragend ist.
§ 48 I 1 VwVfG	Ermessensreduzierung auf Null => Rücknahmepflicht
§ 48 IV VwVfG	Findet nach EuGH keine Anwendung, wenn ein bestandskräftiger Beschluss der Kommission vorliegt.

IV. Widerruf eines rechtmäßigen Verwaltungsakts (§ 49 VwVfG)

Nach § 49 VwVfG kann ein *rechtmäßiger* VA ganz oder teilweise widerrufen werden. Die Behörde wird einen Widerruf dann in Erwägung ziehen, wenn sich die Sach- und Rechtslage so verändert hat, dass der VA jetzt nicht mehr erlassen werden dürfte. § 49 VwVfG unterscheidet zwischen *rechtmäßigen belastenden* und *rechtmäßigen begünstigenden* VAen.

1. Widerruf eines rechtmäßigen belastenden VAs (§ 49 I VwVfG)

Der Widerruf eines belastenden VAs liegt im Interesse des Betroffenen.

a) Grundsatz: Freie Widerrufbarkeit des VAs

Für den *Widerruf* rechtmäßiger belastender VAe gilt daher nach § 49 I VwVfG grundsätzlich nichts anderes als für die *Rücknahme* belastender VAe, d.h. diese sind frei widerruflich.

b) Ausnahmen

Belastende rechtmäßige VAe dürfen nicht nach § 49 VwVfG widerrufen werden, wenn

- ein VA gleichen Inhalts erneut erlassen werden müsste, da darin ein widersprüchliches Verhalten der Behörde zu sehen wäre. Dies betrifft gebundene VAe, aber auch Ermessens-VAe;

- der Widerruf des VAs aus anderen Gründen unzulässig wäre.

Beispiel 19: Ausdrückliches gesetzliches Widerrufsverbot; der Widerruf verstößt gegen den Grundsatz der Selbstbindung der Verwaltung, d.h. nach bisheriger Verwaltungspraxis hat die Behörde in gleich gelagerten Fällen von ihrem Widerrufsrecht keinen Gebrauch gemacht.

c) Ermessensreduzierung auf Null

Solange sich die Sach- und Rechtslage nicht geändert hat, steht der Widerruf des VAs im Ermessen der Behörde. Ist aber eine Änderung der Sach- und Rechtslage dergestalt eingetreten, dass der VA nun nicht mehr erlassen werden dürfte, *muss* der Widerruf des VAs dagegen ausgesprochen werden.

Beispiel 20: Eine Gewerbeuntersagung nach § 35 GewO wegen Unzuverlässigkeit *muss* nach § 49 I VwVfG widerrufen werden, sofern die Gründe für die Unzuverlässigkeit im Nachhinein weggefallen sind. Das Widerrufsermessen ist hier auf Null reduziert.

d) Rechtsfolgenseite: Wirkung des Widerrufs für die Zukunft (ex nunc)

Ein wichtiger Unterschied zwischen Rücknahme und Widerruf besteht auf der Rechtsfolgenseite: die *Rücknahme* kann nach § 48 I 1 VwVfG auch mit Wirkung für die *Vergangenheit* (ex tunc) erfolgen. Der *Widerruf* wirkt hingegen nach § 49 IV VwVfG grundsätzlich für die *Zukunft* (ex nunc).

2. Widerruf eines rechtmäßigen begünstigenden VAs (§ 49 II, III VwVfG)

Rechtmäßige begünstigende VAe dürfen nur widerrufen werden, wenn einer der Widerrufsgründe des § 49 II, III VwVfG erfüllt und die Jahresfrist aus §§ 48 IV, 49 II S. 2, III S. 2 VwVfG eingehalten ist.

a) Widerrufsgründe des § 49 II, III VwVfG

Für den Widerruf eines rechtmäßigen begünstigenden VAs kommen gem. § 49 II S. 1 Nr. 1-5, III VwVfG folgende Widerrufsgründe in Betracht:

- **Durch Rechtsvorschrift zugelassener oder im VA vorbehaltener Widerruf (§ 49 II Nr. 1 VwVfG)**

Die Behörde darf den VA widerrufen, wenn der Widerruf durch eine *Rechtsvorschrift zugelassen* ist. Darüber hinaus ist ein Widerruf auch möglich, wenn die Behörde dem VA einen *Widerrufsvorbehalt* nach § 36 VwVfG (lesen!) beigefügt hat. Umstritten ist, ob auch von einem rechtswidrigen, aber unanfechtbar gewordenen Widerrufsvorbehalt Gebrauch gemacht werden darf. Dies wird zum Teil bejaht. Der Begünstigte habe es in der Hand, gegen den Widerruf (isoliert) vorzugehen.

Allerdings handelt die Behörde, die von einem solchen Widerrufsvorbehalt Gebrauch macht, i.d.r. ermessensfehlerhaft, wenn die Rechtswidrigkeit des Vorbehaltes offensichtlich ist.

- **Nichterfüllung einer Auflage (§ 49 II Nr. 2 VwVfG)**

Auch bei Nichterfüllung einer Auflage kann die Behörde den VA widerrufen. Der Widerruf nach Nr. 2 VwVfG ist wegen des *Grundsatzes der Verhältnismäßigkeit* nur als ultima ratio zulässig, d.h. die Behörde muss zunächst versuchen, die Erfüllung der Auflage durchzusetzen (durch Mahnung, Fristsetzung o. ä.).

- **Neue Tatsachen und Änderung der Rechtslage (§ 49 II Nrn. 3 und 4 VwVfG)**

Die Voraussetzungen für einen Widerruf gemäß § 49 II Nr. 3 und 4 VwVfG ergeben sich ohne Schwierigkeiten aus dem Gesetzestext. Zu beachten ist, dass Nr. 3 und 4 jeweils *zwei kumulativ* zu erfüllende Voraussetzungen enthalten.

- **Schwere Nachteile für das Gemeinwohl (§ 49 II Nr. 5 VwVfG)**

Der Widerruf auf der Grundlage der Generalklausel des § 49 II Nr. 5 VwVfG lässt den Widerruf zur Verhinderung von Nachteilen für das Gemeinwohl zu. Dies gilt nicht nur bei einer Gefährdung wichtiger allgemeiner Gemeinschaftsgüter, sondern auch bei ernsthafter Gefährdung oder Beeinträchtigung des Lebens und der Gesundheit Einzelner. Auch bei einem Widerruf nach Nr. 5 ist der Grundsatz der Verhältnismäßigkeit zu beachten.

Klausurtipp: Die Generalklausel des § 49 II Nr. 5 VwVfG ist eine Art Auffangklausel und daher eng auszulegen.

- **Widerrufsgründe des § 49 III S. 1 VwVfG**

Für eine bestimmte Gruppe rechtmäßiger begünstigender VAe sieht § 49 III VwVfG eine besondere, über § 49 II VwVfG hinausgehende Regelung vor. Erfasst werden solche VAe, die eine einmalige oder laufende Geldleistung oder eine teilbare Sachleistung zur Erfüllung eines bestimmten Zweckes gewähren oder hierfür Voraussetzung sind. Dies betrifft insbesondere den Widerruf von *Subventionsbescheiden*. Der Absatz 3 ermöglicht den Widerruf eines rechtmäßigen VAs auch mit Wirkung für die Vergangenheit. § 49 III VwVfG enthält im Vergleich zu § 49 II VwVfG einen zusätzlichen Widerrufsgrund: ein von der Vorschrift erfasster VA kann auch dann aufgehoben werden, wenn die Leistung nicht, nicht alsbald nach der Erbringung oder nicht mehr für den im VA bestimmten Zweck verwendet wird.

b) Jahresfrist (§ 48 IV VwVfG entsprechend)

Die Regelung der Rücknahmefrist des § 48 IV VwVfG gilt entsprechend für den Widerruf von VAen (§ 49 II S. 2 VwVfG). Auch § 49 III S. 2 VwVfG unterwirft den Widerruf nach Abs. 3 der Jahresfrist des § 48 IV VwVfG.

c) Entschädigungsregelung (§ 49 VI VwVfG)

Die Entschädigungsklausel des § 49 VI VwVfG sieht für die Fälle des § 49 II Nrn. 3-5 VwVfG eine Entschädigung vor. Diese Entschädigung wird allerdings nicht generell, sondern nur insoweit gewährt, als ein *schutzwürdiges Vertrauen* vorliegt. Aus diesem Grunde erstreckt sich die Regelung auch nicht auf die Fälle des § 49 II Nrn. 1 und 2 VwVfG, da sich hier ein schutzwürdiges Vertrauen auf den Bestand des VAs nicht bilden kann.

Beispiel 21: Die zuständige Behörde widerruft die dem B zwei Wochen zuvor erteilte Baugenehmigung zur Errichtung eines Wochenendhauses gemäß § 49 II Nr. 5 VwVfG. B hatte in der Zwischenzeit bereits mit dem Bau begonnen, so dass ihm bereits Kosten in nicht unerheblicher Höhe entstanden sind. Kann B eine Entschädigung verlangen?

Lösung: B kann – entsprechend seinem schutzwürdigen Vertrauen – gem. § 49 VI VwVfG eine Entschädigung verlangen.

Beispiel 22 (abschließender Fall zu § 49 VwVfG): S betreibt seit mehreren Jahren eine Spielhalle in der Gemeinde G. Die hierfür erforderliche gewerberechtliche Erlaubnis war ihm damals zu Recht erteilt worden. Im Eingangsbereich der Spielhalle hatte S vorschriftsmäßig ein Schild angebracht, welches Kindern und Jugendlichen unter 18 Jahren ausdrücklich den Zutritt untersagt (§ 6 JuSchG). Da S stets um eine Steigerung seiner Einnahmen bemüht ist, wird er mit der Zeit nachlässiger und gestattet immer mehr Kindern und Jugendlichen unter 18 Jahren den Zutritt zur Spielhalle. Mehrere Eltern erfahren davon und verlangen von der zuständigen Ordnungsbehörde, dass sie umgehend gegen S einschreitet. S nimmt die Hinweise der Ordnungsbehörde, künftig die Vorschriften des Jugendschutzgesetzes einzuhalten ebenso wenig ernst wie die Einleitung eines Bußgeldverfahrens und gewährt weiterhin Kindern und Jugendlichen den Aufenthalt. Nach vorheriger Anhörung entzieht die Ordnungsbehörde S schließlich die gewerberechtliche Erlaubnis. Ist die Entscheidung der Behörde (von der formellen Rechtmäßigkeit ist auszugehen) rechtmäßig?

Lösung: Als Ermächtigungsgrundlage für die Entziehung der gewerberechtlichen Erlaubnis kommt § 49 II Nr. 3 VwVfG in Betracht.

1. Von der *formellen* Rechtmäßigkeit des VAs ist auszugehen.

2. Damit dieser auch *materiell* rechtmäßig ist, müssten die Voraussetzungen des § 49 II Nr. 3 VwVfG vorliegen. Es liegt ein *rechtmäßiger begünstigender VA* vor, da die gewerberechtliche Erlaubnis dem S seinerzeit zu Recht erteilt worden war. Ferner müssten nachträglich Tatsachen eingetreten sein, deren Vorliegen zum Zeitpunkt des ursprünglichen Erlasses des begünstigenden VAs zu einer Ablehnung geführt hätten. S duldet den Aufenthalt von Kindern und Jugendlichen in seiner Spielhalle und verstößt somit gegen § 6 I JuSchG. Da S sich weigert, sein Verhalten zu ändern, muss auch weiterhin mit der Verletzung des JuSchG gerechnet werden, so dass eine Gefährdung des öffentlichen Interesses durch Missachtung der Rechtsordnung besteht.

3. § 49 II VwVfG räumt der Behörde einen Ermessensspielraum ein. Also müsste die Ordnungsbehörde ermessensfehlerfrei gehandelt und vor allem den Grundsatz der *Verhältnismäßigkeit* beachtet haben.

a) *Zweck* des Widerrufs ist es, zu verhindern, dass Kinder und Jugendliche Zutritt zur Spielhalle erhalten.

b) Dieser Zweck wird durch den Widerruf erreicht, so dass dieser ein *geeignetes Mittel* darstellt.

c) Da die Ordnungsbehörde S zuvor erfolglos zur Änderung seines Verhaltens aufgefordert und bereits ein Bußgeldverfahren gegen ihn durchgeführt hatte, handelt es sich um das *mildeste Mittel*, den angestrebten Erfolg zu erreichen.

d) Die Entscheidung ist schließlich auch *angemessen*. S hätte seine Erlaubnis behalten können, wenn er sich an das JuSchG gehalten hätte, so dass seine Schutzwürdigkeit gemindert ist. Der Entzug der gewerberechtlichen Erlaubnis ist verhältnismäßig und damit insgesamt rechtmäßig.

Schema: Widerruf rechtmäßiger begünstigender VAe, § 49 II, III VwVfG	
§ 49 II VwVfG	**§ 49 III VwVfG**
= Ausnahmefall; nur ex nunc	= Sonderfall; ex nunc oder ex tunc
Nr. 1: Widerruf durch Rechtsvorschrift zugelassen oder im VA vorbehalten **Nr. 2:** Nichterfüllung einer Auflage	- Einmalige oder laufende Geldleistung, - teilbare Sachleistung oder - Voraussetzung für diese Leistungen;
Nrn. 3 und 4: Neue Tatsachen und Änderung der Rechtslage **Nr. 5:** Schwere Nachteile für das Gemeinwohl (Auffangtatbestand)	Voraussetzungen für Widerruf: - Nr. 1: Zweckverfehlung oder - Nr. 2: Nichterfüllung einer Auflage
§ 49 II 2, III S. 2: Jahresfrist (§ 48 IV VwVfG entsprechend)	
Entschädigung gemäß § 49 VI nur in den Fällen von Nr. 3-5. Voraussetzung: Schutzwürdiges Vertrauen	Keine Entschädigung

3. Erstattung und Verzinsung von rechtsgrundlos gewährten Leistungen (49 a VwVfG)

§ 49 a VwVfG enthält zusammenfassend alle Regelungen über die Erstattung- und Verzinsungspflicht des Bürgers im Falle der zweck- oder auflagenwidrigen Verwendung von Leistungen. Für den Umfang der Erstattung mit Ausnahme der Verzinsung gelten die §§ 812 ff. BGB im Sinne einer Rechtsfolgenverweisung entsprechend, § 49 a II S. 1 VwVfG.

Allerdings wird die Einrede der Entreicherung (§ 818 III BGB) durch § 49 a II S. 2 VwVfG für den Fall der positiven Kenntnis oder der grob fahrlässigen Unkenntnis des Begünstigten von den Umständen, die zur Unwirksamkeit des VAs geführt haben, ausgeschlossen.

Nach § 49 a III VwVfG ist der zu erstattende Betrag zwingend zu verzinsen. Verwendet der Begünstigte die Leistung nicht alsbald nach der Auszahlung für den bestimmten Zweck, so kann die Behörde gemäß § 49 a IV 1. HS VwVfG *Zwischenzinsen* erheben. Durch diese Möglichkeit wird der Handlungsspielraum der Behörde erweitert, denn die Möglichkeit, Zwischenzinsen zu erheben, besteht ausdrücklich neben dem nach § 49 III S. 1 Nr. 1 VwVfG zulässigen Widerruf der Bewilligung auch für die Vergangenheit.

4. Rücknahme und Widerruf von begünstigenden VAen mit belastender Drittwirkung (§ 50 VwVfG)

§ 50 VwVfG regelt den Fall, dass ein begünstigender VA von einem Dritten angefochten wird. Die Vorschrift betrifft daher lediglich VAe mit *belastender Drittwirkung*. Nach § 50 VwVfG gelten die Regeln über Rücknahme, Widerruf und Entschädigung *nicht*, wenn die Behörde den von einem Dritten angefochtenen VA während des Vorverfahrens (§§ 68 ff. VwGO; lesen) oder während des gerichtlichen Verfahrens aufhebt, soweit dadurch dem Widerspruch oder der Klage abgeholfen wird.

Beispiel 23: Anfechtung einer Baugenehmigung durch den Nachbarn: Ist die Baugenehmigung rechtswidrig, so hat die Behörde dem Widerspruch[17] des Nachbarn stattzugeben und die Baugenehmigung aufzuheben. Die Vertrauensschutzregelung der §§ 48, 49 VwVfG wird durch § 50 VwVfG verdrängt.

▶ **Literatur zu dieser Lektion**

📖 Skript **Standardfälle Verwaltungsrecht AT**

📖 Skript **Basiswissen Verwaltungsrecht** (Frage-Antwort)

📖 Richter, **JuS** 1990, 991 ff.; **JuS** 1991, 40 ff.; 121 ff.; 307 ff.; 385 ff.; 481 ff. (Klausurfälle zu Rücknahme und Widerruf)

📖 Erichsen, **Jura** 1999, 155 ff. (§ 48 VwVfG)

📖 Erichsen, **Jura** 1999, 496 ff. (§ 49 VwVfG)

📖 Erichsen, **Jura** 1991, 386 ff.(§ 48 II VwVfG)

📖 Bamberger; **DVBL** 1999, 1632 (Rücknahme und Widerruf)

📖 Pauly, **DVBL** 1999, 1609 (§ 49 a VwVfG)

---

[17] Bezüglich des Widerspruchsverfahrens gilt: Es ist in jedem Bundesland zu untersuchen, ob es dort Regelungen gibt, die die Erforderlichkeit eines Vorverfahrens *auf Landesebene* einschränken, z.B. Art. 15 AG VwGO **Bay**, § 16a AG VwGO **Hess**, § 80 JustizG **Nds** (beachte hier aber § 80 II 1 Nr. 4a) !), § 110 JustG **NRW**.